Envols pour la liberté

MIKE DONNET

Envols pour la liberté

Préface de Jan Beelaerts van Blokland

ÉDITIONS Racine

Du même auteur
J'ai volé la liberté, Dargaud, Paris, 1968.
En collaboration avec Léon Branders:
Ils en étaient ! Les escadrilles belges de la RAF, Presses de l'Avenir, Arlon-Bruxelles, 1991.

D. 1994, 6852-19
Dépôt légal: novembre 1994
ISBN 2-87386-020-0

Préface

Pour mieux comprendre le problème des évasions pendant la Deuxième Guerre mondiale, il faut réaliser que l'occupation ennemie était terrible et implacable.

Les côtes étaient étroitement surveillées et défendues pour éviter toute incursion anglaise. Un départ par bateau était donc fort difficile. De plus, les petites embarcations ne pouvaient affronter une longue traversée en mer. Beaucoup de ceux qui prirent ce risque, périrent noyés.

Envisager de quitter le pays par avion semblait plus indiqué, mais encore fallait-il découvrir cet oiseau rare et éventuellement le mettre en ordre de marche.

Les aérodromes étaient évidemment sous la garde allemande, et les quelques appareils de sport, soigneusement cachés étaient le plus souvent en pièces détachées. Il fallait non seulement trouver une piste d'envol, mais encore s'assurer de la bonne marche du moteur; ce qui signifiait des essais bruyants. La présence de collaborateurs était un danger supplémentaire. Les communications radio entre les résistants et les Anglais étaient quasi inexistantes, pour les prévenir d'une arrivée par air. D'où le risque d'être abattu par la chasse ou descendu par l'artillerie de défense aérienne.

Mais avec l'aide de Dieu, tout était possible !

J.J.G. Beelaerts van Blokland

Remerciements

Nous adressons nos remerciements aux personnes suivantes pour l'aide précieuse qu'elles ont bien voulu nous apporter:

le Colonel Bernard Dupérier, pilote des Forces Aériennes de la France Libre, compagnon de combat dans la R.A.F. 1942-1944, auteur de plusieurs ouvrages, dont *La vieille équipe, Chasseur du Ciel* etc.;

le Brigadier Generaal (b.d.) Jonkheer Jan Beelaerts van Blokland, ami de l'auteur, évadé par air en 1941, combattant de Normandie dans la Brigade Irène, ancien attaché militaire à Bruxelles;

Denys Boudart, combattant des Forces Aériennes de la France Libre, ami de l'auteur, évadé par air en 1941;

N.L. Andersen, correspondant Danois, expert des problèmes de l'aviation durant la deuxième guerre mondiale;

le Baron Pierre Halna du Fretay, frère de Maurice, l'évadé par air, propriétaire du manoir et des souvenirs de Maurice;

le Général de Brigade aérienne Robineau, directeur du Service historique de l'Armée de l'air, dont la disponibilité et celle de ses services furent d'une aide appréciable;

le Group Captain Medelin, directeur du Service historique de la R.A.F., qui permit d'obtenir de précieuses informations;

le Dr J. Janssen, Ministerie van Defensie Luchtmacht, Service historique de la Koninklijke Nederlandse Luchtmacht.

Prologue

La guerre 1939-1945 est riche en exploits de tout genre. Le patriotisme et la volonté de servir animent les hommes d'action, courageux et prêts aux risques.

Les aviateurs, dont la vocation exige un engagement total dans les opérations de guerre, sont les acteurs de pièces épiques semblables à celles des héros antiques.

Dès 1940, lorsque la fortune des armes devient l'apanage de l'ennemi, nombreux sont ceux qui n'acceptent pas la défaite. C'est l'époque trouble où personne ne peut prédire l'avenir avec certitude; beaucoup doutent, les ordres sont contradictoires, il faut éventuellement les enfreindre et décider par soi-même de son sort, en toute objectivité. Norvégiens, Néerlandais, Français, Belges, Polonais, Tchèques n'hésitent pas à s'envoler sur des avions « empruntés », avec La Grande-Bretagne, Gibraltar ou l'Égypte pour destination. Si le succès couronne une partie de ces évasions, il faut aussi, à regret, compter plusieurs échecs.

Le premier chapitre rappelle en quelques lignes certains de ces exploits. Le récit relate ensuite les évasions par air, au départ de pays de l'Europe occupée par l'Allemagne nazie après la bataille d'Angleterre (juillet-octobre 1940).

Dès la fin du printemps 1940, les Forces armées du 3e Reich sont puissamment installées dans les territoires conquis. Elles imposent leur loi aux nations qu'elles ont envahies. Les armées alliées de ces pays ont été dissoutes, à l'exception de celle de la France non occupée. La majorité des militaires sont prisonniers de guerre. La résistance à l'occupant est latente et timide. Elle s'organise sans que les groupes d'action ne se soient donné une identité. Il faudra des mois pour qu'ils se manifestent et deviennent efficaces. Les actes de sabotage ou de résistance des premières années sont souvent réalisés individuellement. Ni coordination ni directives n'émanent de Londres. Pourtant, la connaissance exacte du déploiement des Forces ennemies est de première importance pour les combattants. Les renseignements deviendront prioritaires pour l'allié britannique.

Invaincue jusqu'à l'automne 1940, l'Allemagne d'Hitler connaît sa première défaite dans les airs au cours de ce qui sera appelé « La bataille d'Angleterre », bataille qui, sans aucun doute, changera le cours de l'histoire. Les évadés du ciel seront pour la Grande-Bretagne un important apport.

Les lignes d'évasion s'organisent lentement et butent sur des problèmes, tels ceux des passeurs et des lieux d'hébergement. Malgré la situation confuse du moment et les difficultés rencontrées, malgré le manque de moyens en tout genre, informations, communications, ravitaillement, malgré le danger de chaque instant, des patriotes, animés d'une foi intense dans le combat à mener pour libérer leur pays, font preuve d'imagination, de ténacité et, surtout, de courage pour organiser divers réseaux et apporter une aide vitale aux candidats à la liberté.

Ces pages racontent en particulier l'aventure de neuf vols réussis, entre les mois de novembre 1940 et octobre 1943. Quatre évasions par air partent de France, deux des Pays-Bas, deux du Danemark et une de Belgique. Toutes ont pour destination les Iles Britanniques.

Nous tenons à rendre un témoignage de reconnaissance à tous les aviateurs et à ceux qui, dans l'ombre ou l'incognito, permirent cette extraordinaire déferlement de force et cette victoire finale, qui nous assura la liberté. Nos pensées rejoignent ceux qui n'ont pas eu la chance de réussir et dont les noms nous resteront à jamais inconnus.

I

Ceux qui n'acceptent pas la défaite

Le long de la côte ouest de l'Europe, les armes se sont tues. Les Forces terrestres allemandes ont réalisé le grand rêve du Führer venger la défaite de 1918 et devenir maître de l'Europe. Tour à tour, la Norvège, le Danemark, les Pays-Bas, la Belgique, la France, attaqués sur terre, sur mer, et dans les airs, ont arrêté le combat et demandé l'armistice.

Face à l'Europe continentale asservie et occupée par les Forces militaires nazies, la Grande-Bretagne se dresse seule contre l'envahisseur qui la menace. Ses dirigeants, Winston Churchill en tête, refusent toute négociation, tout compromis avec l'ennemi.

Les Forces terrestres, avec l'aide de la *Royal Navy* et de la *Royal Air Force* (RAF), ont réussi le miracle de Dunkerque et permis aux combattants envoyés sur le continent de rejoindre leur patrie, tout en étant contraints d'abandonner armes et bagages.

Le grand État-Major allemand prépare l'opération « Lion de Mer » (*Zee Löwe*), qui doit donner la possibilité à ses Forces armées d'envahir la Grande-Bretagne et de mettre fin à la guerre de l'ouest. Mais, pour réussir l'invasion du territoire britannique, il faut avoir la maîtrise de la mer et, plus encore, celle de l'air.

Au fur et à mesure que cette attaque d'envergure prend forme, les aviateurs des nations conquises se rendent compte que la RAF est prête à relever le défi de la Luftwaffe. Et si, dans la plupart des pays, les autorités ont donné des ordres stricts pour dissuader les aviateurs de continuer le combat, les pilotes, eux, ne peuvent accepter leur inaction. Ils connaissent leur potentiel, leur expérience, leur utilité. Il en va de même des navigateurs, des mitrailleurs à bord. Tous ont le même désir de servir. Ils savent que, dans les affrontements, les aviateurs des deux bords seront aussi décidés les uns que les autres à triompher. Les victimes seront nombreuses, et il faudra assurer la relève. Les dirigeants norvégiens et néerlandais, y compris les souverains de ces deux pays, sont partis pour la Grande-Bretagne avant la fin des hostilités, sans donner d'ordres contraignants aux aviateurs. En quittant leur pays, à bord d'avions militaires, ils éviteront la destruction ou la mise hors d'usage de leurs appareils.

Aussi, les aviateurs de ces deux pays n'hésitent pas à s'envoler vers l'Angleterre. Le 13 mai 1940, un groupe de vingt-huit avions et hydravions néerlandais quitte les Pays-Bas. Après avoir transité par Boulogne, Cherbourg et Brest, ils arrivent finalement, le 29 mai, à Calshot, en Grande-Bretagne. Au début juin, cinq hydravions Heinkel 115 s'envolent du Nord de la Norvège, quatre d'entre eux amerissent dans les Shetland, tandis qu'un appareil est perdu dans le Sud de la Norvège.

Les Britanniques réservent une réception enthousiaste à ces aviateurs. Ils pourront les utiliser dans le *Coastal Command,* dont les opérations maritimes nécessitent des équipages expérimentés. Nombreux sont les aviateurs tchèques et polonais qui ont rallié l'armée de l'air française lors de l'invasion de leur pays par les Forces armées allemandes. En effet, lorsque l'armistice est intervenu dans le territoire français, en juin 1940, les autorités exilées de ces deux pays ont obtenu des Britanniques que des navires soient envoyés dans les ports français de l'Atlantique, du golfe de Gascogne et du Maroc, pour permettre aux aviateurs tchèques et polonais d'arriver nombreux en Grande-Bretagne et de renforcer les effectifs de la Chasse britannique. Leur présence, dans les escadrilles de la RAF, au moment de la Bataille d'Angleterre, sera d'une importance vitale.

Trois escadrilles belges de reconnaissance avaient participé jusqu'au 28 mai aux opérations en Belgique. Au moment de la capitulation, douze avions sont encore en état de vol. Quantité de pilotes veulent échapper à l'ennemi, mais des ordres formels sont donnés par les autorités militaires. La capitulation est sans condition et tout le personnel est considéré comme prisonnier. Les armes doivent être rendues. Malgré l'insistance des commandants d'escadrille, aucune exception n'est tolérée. Affreux excès, presque serviles. Tout militaire qui tente de s'enfuir est considéré comme déserteur.

Malgré ces impératifs, un essai de départ est tenté par le lieutenant Haubert à l'aérodrome de Steene-Ostende. Malheureusement, son appareil est saboté et s'écrase en bout de piste. Tous les avions encore en ordre de marche sont rendus inutilisables, sur ordre de l'autorité belge, et nombre de pilotes partent en captivité. On a voulu leur imposer scrupuleusement les mêmes ordres qu'aux militaires de l'armée de terre. Dans le contexte du moment, il était difficile de les interpréter suivant sa conscience. La hiérarchie militaire était encore en place. Pas pour longtemps car, deux jours plus tard, l'ennemi, ne tenant pas ses promesses, tout était bouleversé. Les aviateurs se trouvaient, pour la plupart, embarqués dans des wagons à bestiaux, en route pour cinq ans de captivité.

Les autres escadrilles belges avaient été évacuées en France. Les écoles de pilotage étaient en Afrique du Nord. Quand est signé l'armistice en France, l'ordre est donné aux aviateurs de rentrer en Belgique. Le commandant de l'Aéronautique militaire en fonction cherche sans succès à faire passer le personnel navigant en Grande-Bretagne. Les autorités britanniques dépêchent dans les ports français des navires pour les acheminer. Mais les ordres sont stricts et ne prêtent pas à discussion: «Interdiction formelle de rejoindre la Grande-Bretagne sous peine d'être traduit devant le Conseil de guerre et d'être condamné comme déserteur.» Cette consigne est donnée par le ministre de la Défense, le général Denis. Avait-il le droit d'agir de la sorte, alors qu'il faisait partie d'un gouverment en pleine crise, dont plusieurs ministres étaient partis ou s'apprêtaient à partir en Grande-Bretagne, et alors que la hiérarchie militaire n'était plus structurée ? Il fallait rallier la Belgique; ce qui signifiait, pour beaucoup, le départ vers l'Allemagne et la captivité.

Nombreux cependant sont les aviateurs déterminés à refuser la défaite. Ils ne se soumettent pas aux ordres et partent pour l'Angleterre par bateau, décidés à franchir le « Rubicon ». Ils ne cèdent pas aux menaces, ni aux condamnations dont ils sont l'objet, et se savent contraints de réussir, tout en connaissant les difficultés qui les attendent.

Outre ceux qui partent par mer, deux équipages belges s'envolent de la France non occupée en juin 1940. Offenberg et Jottard décollent de la région de Montpellier à bord d'un Caudron-Simoun et, après bien des péripéties, arrivent à Oujda où se trouvent les écoles de pilotage belges. Ils ont transité par la Corse et l'Algérie... Étant parvenus à rejoindre un navire en partance vers Gibraltar, grâce à la complicité d'aviateurs polonais, ils arrivent en Grande-Bretagne en juillet 1940. Ils seront présents à la Bataille d'Angleterre. Tout comme les pilotes et navigateurs évadés de France par bateau, ils sont, en principe, condamnés pour désertion et transgression aux ordres, et même vol de matériel !
Deux autres pilotes belges, Verbraecke et Reuter, découvrent un avion de tourisme garé dans le hangar d'un aéro-club du Sud de la France. Le plein d'essence effectué, ils s'envolent vers le sud et parviennent, avec peine et après bien des angoisses, à traverser la chaîne des Pyrénées en se faufilant entre les cols. À court de carburant, ils négocient un atterrissage de fortune dans les marécages du Nord du Portugal. Ils sont envoyés au Congo belge et, de là, rejoignent l'Égypte. Ils s'engagent alors dans la RAF au Moyen-Orient. Ils perdront la vie au cours des opérations aériennes de support de la 8e armée.

Les difficultés que doivent surmonter les aviateurs belges sont les mêmes pour leurs homologues français. Ils sont nombreux, surtout parmi les jeunes élèves pilotes, ceux pour qui la défaite est un cauchemar. Ils se sentent frustrés de n'avoir pu combattre au-dessus de la France. Ils veulent participer aux opérations aériennes et reconquérir leur pays en le libérant de l'occupant.

Le commandant Pinot, vétéran de la première guerre, entraîne avec lui les élèves de l'école élémentaire de pilotage n° 23: ils s'échappent tous à bord du langoustier *Le Trebouliste* pour arriver, après quarante-deux heures de navigation, à New Line et ensuite, à Falmouth.

Le 17 juin 1940, à l'école de pilotage de Royan, les lieutenants-pilotes Gaillet, Ezanno, Soufflet, Moizon et Preziosi sont à l'écoute du message important du maréchal Pétain. Leurs illusions concernant la «lutte à outrance » s'évanouissent rapidement. Il est à présent question d'armistice et, même si les mots «honneur et devoir » sont mentionnés, aucune allusion n'est faite à la guerre sans merci dont il était question précédemment. Leur décision est prise. Ils partent pour l'Angleterre. Deux Caudron-Simoun les emportent. Dans l'un Gaillet et Ezanno, dans l'autre Moizon et Preziosi. Soufflet doit partir dans un Caudron-Goéland et emmener avec lui six compagnons de l'unité. Leur destination est Yeovil, dans le Sud-Ouest de l'Angleterre. Malheureusement, le Goéland est indisponible et Soufflet se décide à prendre lui aussi un Caudron-Simoun. Au moment de son départ, il est interpellé par le commandant de l'école lui disant qu'il considère son geste comme une folie. Pour lui, les Anglais ne tiendront plus un mois et Soufflet sera considéré comme déserteur; son avenir sera compromis. Mais Soufflet part seul. Il atterrit, à bout de carburant, sur une piste encombrée par des obstacles au Nord de Yeovil. Il retrouve ses compagnons d'évasion qui se sont posés sans encombre. Et c'est alors la fête et la joie d'avoir réussi un pari presque impossible.

L'évasion par air est toujours une épreuve difficile, presqu'irréalisable, dans la plupart des cas relatés, mais quasi impossible pour celui qui n'est pas pilote. Et pourtant, ce 17 juin 1940, à Royan, trois mécaniciens de l'armée de l'air tentent l'aventure. Pierre Bideau, Marcel Bausaro et Michel-René Roche s'envolent à bord d'un Caudron-Simoun et après mille péripéties, atterrissent en catastrophe, dans le Sud-Ouest de l'Angleterre. Quoique légèrement blessés, ils ont la joie et la satisfaction d'avoir forcé le sort pour retrouver la liberté. Ils rejoignent les Forces aériennes de la France libre.

Ils ne sont pas les seuls à utiliser l'avion pour être libres. Une trentaine d'avions français de tous types arrivent également en Angleterre, entre le 17 juin et la mi-juillet. Ce sont des Goéland, des Dewoitine 520, des Potez 63, des Caudron-Simoun ou Luciole, des Bloch 131 ou 151, des Amiot 354 ou des Farman 222. Pilotés par des aviateurs désireux de participer à la guerre, ces avions se posent sans difficultés sur les aérodromes du Sud et du Sud-Ouest de l'Angleterre. Les « évadés » sont fort bien accueillis par les Britanniques, trop heureux de « récupérer des éléments entraînés ». Il est surprenant de constater que ces aviateurs français viennent de diverses unités et sont partis sans se donner le mot, mus par le même idéal patriotique et le désir de combattre.

Ce qui se passe en France se répète en Afrique du Nord, où une partie de l'armée de l'air est évacuée. Nombre de navigants, navigateurs, mitrailleurs de bord n'avaient pas connu l'action, malgré leur volonté de participer aux opérations contre l'ennemi. Ils ont essayé en vain d'obtenir l'autorisation de leurs supérieurs de pouvoir rejoindre les Britanniques. Déséspérés du refus qu'on leur oppose, ils décident de partir, bravant les ordres et les sanctions. Ils usent de toutes les astuces et stratagèmes pour parvenir à atteindre Gibraltar par avion. Les échecs sont nombreux, entraînant parfois la mort de ceux qui entrevoyaient déjà la liberté au terme de leur vol.

Parmi les évasions de juin 1940, celles de René Mouchotte et de son ami Guerin sont un exemple de patriotisme, de détermination, de volonté de réussir envers et contre tout. Le 20 juin à Oran, le commandant d'escadrille réunit ses hommes et fait appel à leurs sentiments de discipline et de résignation. Mouchotte se rebelle. Il ne peut accepter ces mots, ni cette capitulation qu'il estime honteuse. Il a pris son parti. Il partira pour l'Angleterre, quelles qu'en soient les conséquences. Il est obsédé par cette idée. Il trouve en Charles Guerin un compagnon qui partage sa résolution, prêt à partir lui aussi. Ils font le serment de ne pas partir l'un sans l'autre. Ils ont repéré sur le terrain le Caudron-Goéland du colonel, bi-moteur de liaison, à bord duquel ils espèrent s'envoler vers Gibraltar. Quatorze amis souhaitent partir avec eux. Finalement, Mouchotte et Guerin acceptent de prendre leurs deux compagnons de l'armée de l'air, Laffont et Soret, ainsi que deux militaires déserteurs de l'armée de terre dont la vie est menacée. Le départ est remis d'heure en heure. Finalement, le 30 juin à cinq heures du matin, au moment où le ciel s'illumine à l'horizon, les moteurs sont mis en marche. Il faut normalement quinze minutes à ces moteurs pour qu'ils atteignent la température requise au décollage. Sans plus attendre, Mouchotte ouvre les gaz du Caudron qui est lourdement chargé. Il roule, roule sur la longue piste sans prendre de vitesse. Enfin, en bout de terrain, le pilote parvient à arracher le bi-moteur qui s'enfonce et risque de toucher à nouveau le sable ou l'eau du lac salé de Sebkra. L'avion finit par grimper péniblement et à prendre de l'altitude. En jouant avec le pas des hélices, Mouchotte réalise que ces hélices ont été dérèglées afin d'empêcher l'envol de l'appareil. La chance a souri aux audacieux, mais ils échappent de justesse à un « crash » fatal. Après un vol de deux heures et demie, effectuant un détour par la mer pour éviter d'être intercepté, le Goéland se pose à Gibraltar. L'accueil des Britanniques est chaleureux. Ils sont fêtés et félicités avec d'autres amis qui les ont précédés. Plusieurs équipages polonais, attachés à l'armée de l'air au sein de laquelle ils avaient combattu en 1940, ont également réussi à rallier Gibraltar à bord d'avions français «empruntés». Tous ces évadés sont acheminés par bateau vers la Grande-Bretagne, où ils retrouvent des compatriotes échappés de France et du Nord de l'Afrique par mer également.

La Syrie est aussi le point de départ d'aviateurs français qui rejoignent, quant à eux, l'Égypte ou la Palestine. Grâce à eux, dès le mois de septembre 1940, une escadrille française est créée au sein de la RAF au Moyen-Orient. Le 8 décembre 1940, deux jeunes sergents-chefs de l'armée de l'air, Raymond Allignol et André Charasse, réussissent une évasion remarquable. Après avoir fait les projets les plus extravagants, comme la traversée du désert à bicyclette, ou un départ en canot, ils découvrent, à la base de Casablanca, l'avion North-American utilisé par la commission italienne d'armistice. Après trois heures de travail aussi acharné que clandestin, ils parviennent à mettre l'appareil en ordre de vol et décollent sous l'œil... vigilant d'une sentinelle. Ils survolent le Maroc espagnol et après une heure et demie, atterrissent à Gibraltar.

Le lieutenant aviateur français de Labouchère, évadé de l'École de chasse, décrit avec émotion ses sentiments, dans ses carnets personnels, à son arrivée en Angleterre: «Pourquoi je suis allé en Angleterre ? Parce que j'ai pensé que c'était mon devoir. La difficulté était devenue non de faire son devoir mais de le discerner. J'avais deux solutions, soit de rester en France et de vivre heureux, sans fierté, un peu dégoûté de moi-même, ou de continuer à me battre, libre et malheureux, mais fier. » Ceux, restés en France et en Belgique, se rendront compte, trop tard, de l'erreur des autorités. Dans les années qui suivirent, s'ils n'étaient pas derrière les barbelés, un grand nombre fut tenté d'atteindre la Grande-Bretagne. Mais les portes de l'espoir, qui étaient ouvertes au début de l'été 1940, se ferment chaque jour davantage. La route vers la liberté sera longue et semée d'embûches. Il faudra parfois plus d'une année pour rejoindre la Grande-Bretagne.

Que de misères et d'amertume auraient été évitées si les autorités avaient, avec sagesse et clairvoyance, pu prendre les décisions qui s'imposaient dans la situation difficile du moment.

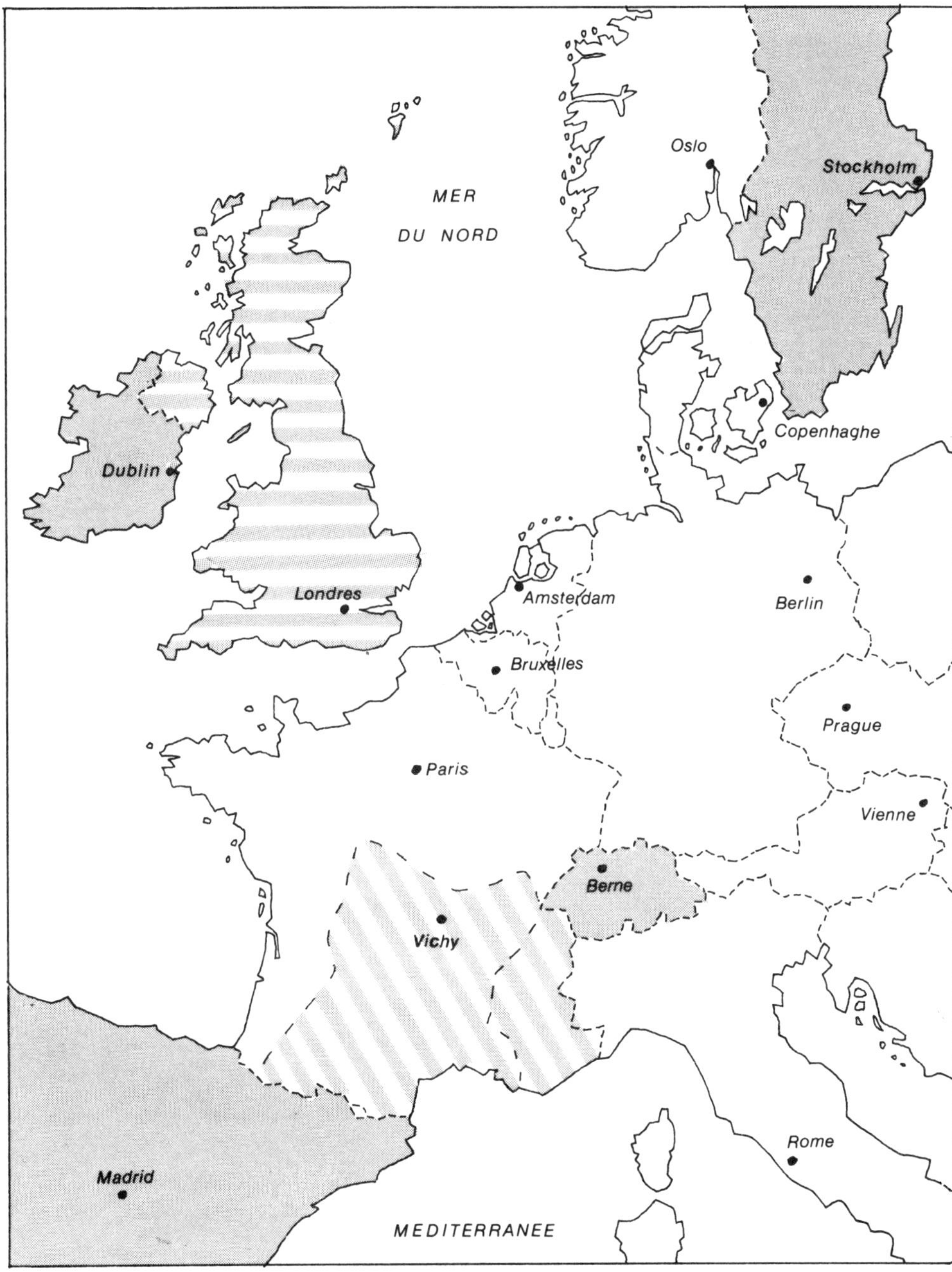

Europe de l'Ouest occupée par l'Allemagne nazie et l'Italie en 1941

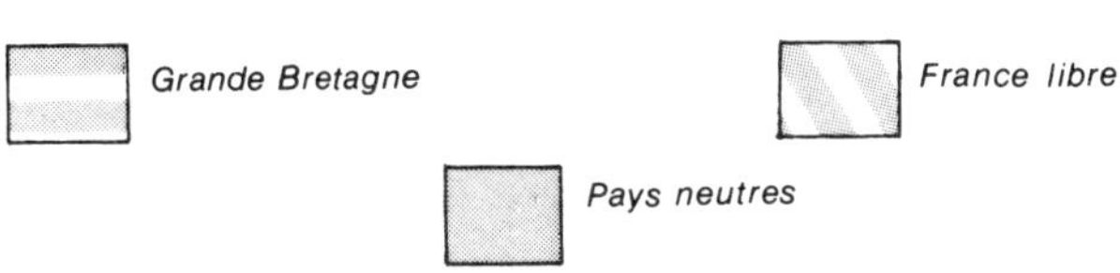

II

L'après 1940

Après la conquête de l'Europe Occidentale, les Allemands avaient systématiquement démobilisé les Forces armées alliées. Les militaires de l'armée de terre et les aviateurs avaient été, pour la plupart, envoyés dans des camps de prisonniers en Allemagne. Le matériel avait été récupéré, les avions étaient désormais soit inutilisables, soit détruits.

Les Forces allemandes contrôlent les pays conquis et leur imposent leur loi. Les mouvements des citoyens sont limités, la nourriture est rationnée, le couvre-feu est instauré, des travailleurs sont déportés. Il n'y a plus de presse libre et l'écoute de la radio alliée est défendue et sanctionnée. Les arrestations sont fréquentes et un sentiment d'insécurité affecte chacun.

Timidement, la résistance à l'envahisseur s'organise. Elle est discrète en 1940 car certains, aveuglés par les succès allemands, le voyaient déjà vainqueur de la guerre qu'il avait déclenchée.

Mais, en 1941, la résistance devient plus active dans les secteurs des renseignements, du sabotage, de la presse clandestine et des chaînes d'évasions. Ceux des aviateurs qui n'ont pas quitté le territoire occupé en 1940, soit empêchés par les ordres donnés, soit n'ayant pas cru à la détermination de résistance de l'allié britannique, le regrettent et veulent le plus rapidement possible rejoindre leurs compagnons qui luttent dans les airs. Ils désirent participer avec eux à la libération de leur pays et prendre leur revanche sur l'ennemi qui les a si sèchement battus en 1940. Ils se rendent compte, comme tous leurs compatriotes, de ce que le mot « liberté » signifie, ce qu'il contient de choix personnel, d'indépendance, d'absence de contraintes morales.

Le genre de vie de tous les jours n'amène que morosité, crainte, appréhension, brimades, menaces, danger de mort. C'est dans ces moments pénibles que chacun songe au paradis perdu et à la valeur véritable de ce que représente la liberté.

Ces aviateurs qui souhaitent rejoindre le combat voudraient le faire au plus tôt; cependant, les moyens pour y arriver par la voie la plus rapide, d'un coup d'aile, n'existent plus. Il faut se résoudre à partir par le long chemin qui va les conduire à travers la France et l'Espagne vers le Portugal, d'où l'on peut rejoindre la Grande-Bretagne.

Le projet est périlleux, les routes sont gardées, les contrôles aux frontières très stricts, les chemins de fer et les transports en commun surveillés, les identités sévèrement et régulièrement contrôlées. Il y a la question d'argent ou de ravitaillement, ainsi que la méfiance envers l'entourage. À qui peut-on faire confiance ? En cas de dénonciation et d'arrestation, les sanctions sont sévères: déportation ou condamnation à mort. Les chaînes d'évasions se constituent, mais leur organisation est précaire. Il faut prévoir les points de chute, les passeurs, les caches pour abriter les pilotes abattus et clandestins, de même que leur ravitaillement. Malgré tous les risques, de nombreux candidats s'aventurent et réussissent grâce à l'enthousiasme et à l'héroïsme des passeurs.

La moitié d'entre eux ne verront pas la fin des hostilités, eux qui, grâce à leur courage auront permis à des centaines de pilotes et membres du personnel navigant de rejoindre la Grande-Bretagne et de reprendre leur place au combat. Si, pour les aviateurs français et belges, le problème de langue ne se pose pas quand il faut rejoindre les Pyrénées, il n'en est pas de même pour les Néerlandais et les Danois. Indépendamment des distances accrues et du voyage à travers des pays qui leur sont peu connus, la langue est un sérieux handicap. Et pourtant, ils parviendront à leur but.

Dans les pays occupés par l'ennemi, le rêve de ceux qui veulent s'évader est de le faire par la route des airs. Les projets les plus fous s'élaborent. Ils sont souvent stimulés par les bobards qui se colportent. On raconte que des avions mystérieux atterrissent dans des coins retirés et emportent les évadés cachés dans les bois. Il y a bien eu des vols clandestins dirigés à partir de la Grande-Bretagne, mais ceux-ci eurent lieu plus tard et leur but était d'amener ou de chercher des agents. De toute façon, nombreuses sont les déceptions de ceux qui espéraient un jour être embarqués dans des avions imaginaires.

Alors, puisque ces projets tombent à l'eau, il faut chercher ailleurs. La construction d'avion effleure l'esprit de certains, mais aucune réalisation ne voit le jour, car les moyens de les réaliser sont inexistants.

Malgré toutes les difficultés qui semblent insurmontables, neuf évasions par air ont lieu entre les mois de novembre 1940 et octobre 1942. Neuf départs depuis l'Europe occupée par l'Allemagne nazie. Elles permettent à dix-huit patriotes de rejoindre la Grande-Bretagne par la voie des airs. Quatre partent de France, deux des Pays-Bas, deux du Danemark et une de Belgique. Il est probable que d'autres aventures similaires furent tentées et se soldèrent par un échec. Nous ne pouvons qu'avoir une pensée attristée pour ceux qui en furent les victimes et disparurent dans l'inconnu. Ils avaient foi dans ce qu'ils entreprenaient. La chance ne les a pas favorisés.

III
Son Zlin sommeillait

« Sais-tu, Léon, que si nous avions été pris, nous aurions été fusillés ! » C'est par ces mots que Michel Donnet éveilla son compagnon d'évasion, Léon Divoy, après une première nuit passée à Londres, dans les murs de *Patriotic School.*

La veille, à deux heures trente du matin, ils avaient décollé de Belgique, aux environs de Bruxelles. Les deux évadés se rendaient bien compte, après coup, qu'un échec aurait entraîné la sentence suprême, mais ils n'avaient pas voulu l'envisager ni même en parler entre eux.

C'était mal connaître l'occupant et la rigueur des tribunaux allemands que de croire à une sentence autre que l'exécution. Une ordonnance du trois octobre 1941 explicite bien la position de l'occupant: « Le commandement militaire s'est vu dans l'obligation de prendre une ordonnance particulière réprimant l'engagement dans une armée étrangère et d'édicter que toute atteinte aux dispositions de cette ordonnance sera, en principe, passible de la peine de mort et exceptionnement, de travaux forcés. »

Les jeunes militaires français de l'école n°25 de Saint-Brieuc, dont Devouassoud et Durance, ont malheureusement été victimes de cette intolérance.

En février 1941, après s'être rassemblé à Saint-Cast, pour ce qui devait être « leur grande évasion », à bord d'un vieux côtier de neuf tonnes acheté par Pierre Devouassoud, le groupe que dirigeait Pierre Durance est intercepté, au large de la Bretagne, par la marine allemande, et ramené à Guernesey. Les deux responsables sont jugés, condamnés à mort et fusillés le Samedi-saint, 12 avril 1941. Dans une lettre à sa mère, Devouassoud écrit: «Nous allions payer sans regret le tribut à notre patriotisme.» Ils meurent la tête haute, en criant «Vive la France, vive l'Angleterre !». Leur treize compagnons seront condamnés aux travaux forcés à perpétuité et envoyés en Allemagne. Deux d'entre eux y mourront d'épuisement. La mère de Devouassoud, qui avait financé l'achat du bateau, sera envoyée dans un camp de concentration d'où elle ne reviendra que trois ans plus tard.

Ailleurs, Roger Forget et Denis Lavocade, deux jeunes de vingt-trois ans, projetaient de s'emparer d'un avion bi-moteur Goéland, construit sous l'occupation aux usines Caudron à Issy-les-Moulineaux et destinés à la Luftwaffe. Ils sont découverts au moment du décollage dans le compartiment de visite situé à l'arrière, derrière la toilette. Ils y ont passé la nuit et sont transis de froid. Ils sont condamnés à mort par le tribunal de l'air et fusillés le 7 juillet 1943. Denis Lavocade, dans un écrit aux siens, témoigne de son patriotisme par ces mots: «Je ne regrette rien. Je vais mourir pour mon idéal [...] Je me suis préparé depuis longtemps à ce qui m'arrive, aussi je ne suis pas loin de considérer la chose comme naturelle.»

Quel courage et quelle abnégation. Si tout semblait s'effondrer autour de ces jeunes hommes, ils restaient stoïques et leur attitude devant la mort amenait leurs ennemis à réfléchir sur la valeur morale de leurs adversaires autant que sur leur réaction dans l'adversité.

L'aventure du jeune Maurice Halna du Fretay connaît un épilogue heureux. En 1940, il a vingt ans. Son père, aviateur durant la guerre 1914-1918, lui a transmis son goût du vol et la ferveur de ses sentiments pour la patrie. Passionné d'aviation à son tour, il rêve de devenir pilote. Dans la chambre qu'il a aménagée dans la tour du manoir, il a rassemblé les livres et les écrits qui rappellent les exploits des aviateurs de la première guerre et des pionniers de l'aviation civile.

Il est breveté pilote civil à l'âge de seize ans. Sa mère lui offre un avion Zlin 12, appareil de tourisme construit en Tchécoslovaquie. Malgré de nombreuses difficultés, Maurice le ramène en France en 1939. Par sa volonté tenace, il a su persuader les autorités civiles et militaires de lui permettre le vol vers la France en passant au-dessus de l'Allemagne en état d'alerte. À cette époque, les vols d'avions civils étaient, en principe, interdits.

L'avion est garé à l'aérodrome de Dinan, quand les hostilités débutent, en septembre 1939. En octobre de cette même année, il rejoint l'armée de l'air pour suivre les cours de pilotage à l'école n°24 établie à Dinan. Son souhait le plus cher est d'être au plus tôt pilote de chasse et de participer activement à la défense de la France. Il rêve de rivaliser avec ses aînés aux noms prestigieux. Et il a l'étoffe pour y arriver.

La défaite des armées françaises le renvoie, durant le mois d'août, au manoir familial de Jugon, près de Rauleon, déçu et amer. Très tôt, il a décidé de ne pas rester inactif. Il ne peut pas supporter la présence des forces allemandes dans sa Bretagne natale. Il doit donc rejoindre ceux qui combattent.

Partir par la mer lui semble le moyen le plus aisé pour rallier l'Angleterre. Mais les ports sont interdits aux Français et les bateaux sont mis à la chaîne: impossible même d'approcher de la côte qui est militairement gardée. La Luftwaffe s'installe sur le terrain de Dinan. Les avions civils doivent être évacués. Maurice ramène chez lui son avion Zlin sur une remorque tirée par une automobile. Avec son ami Jean Aumont, il le démonte et entrepose dans les divers lieux du manoir les pièces de l'appareil méticuleusement étiquetées. Le fuselage et le moteur sont disposés en diagonale dans le garage. Les ailes sont remisées sous un auvent, l'empennage est dans la cuisine, les instruments sont dans la chambre à coucher. Il a annoncé à sa mère son intention de partir pour l'Angleterre. Elle l'approuve, angoissée cependant à l'idée de voir son fils aîné loin d'elle et exposé à de grands dangers.

L'idée de partir à bord du *Luciole* garé dans un hangar de locomotives est rapidement abandonnée. Il n'y a pas de piste de décollage possible. Aussi son plan est-il de s'envoler de chez lui à bord de son Zlin 12. Il examine avec minutie la route d'accès au manoir et constate qu'elle est suffisamment longue pour l'envol de l'avion. Au bout du chemin carrossable, le terrain descend en pente assez forte. La deuxième semaine de novembre est choisie pour le départ. Maurice recrute de fidèles amis qui lui sont dévoués, mais surtout d'une discrétion totale. Il faut, pour réussir, que l'opération soit secrète, le succès de l'entreprise en dépend. Les aides choisis s'avèrent compétents et capables d'apporter une réelle collaboration à la délicate opération du montage de l'avion et de sa mise au point. Bidel, Delval et Masse sont prêts à donner le coup de main nécessaire.

Le premier problème consiste à sortir le fuselage de sa cachette et à le transporter à près de quatre cents mètres de là, au bord de la forêt, où il sera camouflé sous des branches. Il est accroché à un portique de fortune prévu pour le soutenir durant le montage. Cette opération est effectuée à bras d'homme et demande une grande partie de la journée du lundi 11 novembre 1940. L'empennage est ensuite fixé à l'arrière et les ailes sont enfin montées. Ceci occupe toute la journée ainsi que celle du mardi. Il faut encore raccorder les commandes et les règler. Les diverses tuyauteries doivent être boulonnées les unes aux autres. Maurice est très ingénieux et effectue ces opérations avec la précision d'un professionnel. Ensuite, inspection du moteur. L'hélice est mise en place, le train d'atterrissage est fixé au fuselage. L'avion prend de l'allure et est à peu près complet. Toutefois, deux points essentiels sont encore à considérer: celui de l'air comprimé indispensable pour gonfler les amortisseurs et surtout, celui du carburant, très difficile à acquérir en ces temps de contrôle sévère du trafic routier. Il faut des permissions spéciales des Allemands.

Le frère de Maurice, qui a aidé efficacement à la mise en place de l'avion dans sa cachette sous les arbres, ne peut négliger plus longtemps ses études. Il regagne sa pension et quitte à regret son frère, à un moment où il peut lui être tellement utile.

Le mercredi 13 novembre, par souci d'amitié pour un cousin et pour n'éveiller aucun soupçon parmi ses proches, Maurice s'absente une partie de la journée pour assister au mariage d'un fermier voisin. Un ami de l'aéro-club de Dinan est venu inspecter le chemin d'accès au manoir qui doit servir de piste d'envol et approuve le lieu choisi. Le reste de la journée est consacré aux opérations de règlage de l'avion. Le carénage des roues est mis en place.

La mère de du Fretay a décidé de se rendre à Paris afin de ne pas être impliquée dans la phase finale des opérations et ne pas être soumise aux éventuelles représailles allemandes. Avec le sentiment déchirant de se séparer d'un être cher au moment où elle sait que sa présence est pour lui un stimulant et un encouragement, elle lui fait ses adieux. Maurice lui promet de ne partir que si toutes les chances sont de son côté.

Dans la soirée, l'essence est enfin livrée dans des emballages portant l'étiquette «Denrées périssables».

Tous les atouts réunis, on procède à l'essai du moteur. Le vent qui s'est levé devrait étouffer le bruit de l'engin en marche. Le démarrage est laborieux et, malgré tous les efforts déployés, Maurice et ses compagnons ne parviennent pas à le faire tourner. C'est décourageant. Les bougies sont démontées et mises dans la cuisinière pour les réchauffer. Résultat immédiat, le moteur part au quart de tour et ronronne à ravir, dégageant une fumée bleuâtre par les pipes d'échappement. Du Fretay coupe immédiatement le contact: il ne faut pas avertir les voisins et surtout pas une patrouille allemande de passage.

Le jeudi 14 novembre, une grande partie de la matinée se passe à gonfler les amortisseurs. Ce n'est pas simple, car il y a des problèmes de raccord. La bonbonne se vide dans l'air avant d'être proprement connectée. Les joints ne correspondent pas. Grâce à la débrouillardise et à la dextérité du contremaître Bidel, les amortisseurs sont finalement remplis d'air. L'heure est aux préparatifs définitifs. Les bagages doivent être d'un poids minimum pour ne pas surcharger l'avion, surtout au décollage.

Le vendredi 15 novembre, du Fretay prend son petit déjeuner comme d'habitude. Il est apparemment calme, mais en lui plâne une inquiétude tenaillante. Le grand moment est là. L'avion décollera-t-il sans trop de risques imprévus ? Il a confiance dans la réussite du projet qui pouvait sembler fou. Il est décidé à le mener à bien. Non, il ne reculera pas devant la difficulté. Il veut rejoindre l'Angleterre, se mettre au service du général de Gaulle, se battre pour son pays.

Le ciel est limpide, après la tempête des jours précédents. La bande de toile qu'il a suspendue au bout de la piste pend droite et indique que le vent est nul. Mais, au sud, des nuages semblent s'amasser, annonçant une nouvelle perturbation. Le moment est favorable. Les premiers nuages bas cacheront l'avion aux observateurs ennemis et aux servants des pièces de DCA* déployées le long de la côte.

Tandis qu'un ami fait le plein d'essence et d'huile, du Fretay va demander au garde-chasse si les deux pommiers du voisin qui sont au bout de l'allée ne constituent aucun obstacle. La tempête les a en effet arrachés et couchés au sol. Maintenant que le Zlin est prêt, il ne faut plus attendre. Maurice sent en lui le désir, le besoin de liberté. Il sent que plus rien ne peut l'arrêter. Le passager qu'il emmène est prêt, mais il convient de s'assurer une dernière fois de sa détermination de partir. Sa réponse affirmative ne laisse aucun doute quant à sa volonté de rejoindre, lui aussi, l'Angleterre. Ses bagages sont volumineux. Ils sont rapidement triés. De toute façon, ou bien l'avion n'arrivera pas et à quoi bon ces bagages, ou bien dans deux ou trois heures, les deux évadés seront en Grande-Bretagne et alors... à quoi bon ces colis ? Deux amis de Dinan apportent une bonbonne d'air qui n'est plus nécessaire. Par contre, leur présence sera des plus utiles pour les ultimes manœuvres.

Du Fretay relate ses dernières minutes au manoir: «Comme il est presque midi, je décide de déjeuner avant de partir car je n'arriverai certainement pas avant trois heures de l'après-midi en Angleterre. En tête-à-tête avec mon passager, je prends ce qui aurait pu être mon dernier repas.» Splendide sérénité de ce jeune de vingt ans qui est calme et confiant devant la réalité de l'épreuve à venir.

Le garde vient confirmer qu'aucun obstacle ne barre le chemin. Il conclut par ces mots: «Monsieur, quand vous voudrez.» C'est le grand moment: il faut partir. Le vent s'est levé et souffle en rafales. Sa vitesse est de cinquante kilomètres à l'heure, mais dans la bonne direction pour l'envol. Il faut encore monter les bougies qui ont été réchauffées sur un radiateur de la cuisine et complèter le plein d'huile du moteur.

Du Fretay prend son serre-tête et ses gants. Il enfouit un flacon d'eau-de-vie dans sa poche. Tout est prêt. Le pilote et le

* DCA : Défense contre Aéronefs

passager sont attachés dans l'habitacle. Du Fretay est au poste de commande à l'arrière. Le cap, la dérive ont été soigneusement calculés, et la route tracée sur la carte doit éviter les postes de défense antiaérienne. Pour ne pas coincer les commandes, il faut malheureusement abandonner la chambre à air de voiture qui devait servir de bouée en cas d'amerrissage. Les branchages qui camouflaient l'avion sont enlevés. Il n'y a plus de temps à perdre, car le passage d'un avion de chasse ennemi peut tout compromettre. Delval, un ami fidèle, est à l'hélice: «Contact.» Il la lance, elle tourne un quart de tour et elle s'arrête. «Coupé»; «Contact», le moteur ne veut rien entendre, il refuse de démarrer. Cette contrariété imprévue est angoissante alors que les nerfs sont déjà si tendus. Au troisième essai de contact, le moteur part et tourne dans ce qui semble un bruit assourdissant. Maurice respire...

Par bonheur, de nombreux amis sont présents, car il faut arracher l'avion, le sortir de la boue et lui permettre de «faire son taxi» (rouler au sol), jusqu'au chemin d'accès qui est en gravier. La pluie commence à tomber. Les ailes de l'appareil s'étalent sur toute la largeur du chemin d'envol. On a l'impression qu'elles vont toucher le sol.

Du Fretay relate son décollage: «J'appelle Delval et lui demande si aucun obstacle ne se dresse dans le vallon qui prolonge le bout du chemin.

– Tout est dégagé, répond Delval, tu peux y aller.

– Tu crois que cela va marcher ?

– Mais oui, mon vieux, évidemment.»

Il veut me rassurer, se dit Maurice, mais sa pâleur le trahit.

Dans le petit groupe d'amis qui sont présents, il aperçoit sa sœur qui lui sourit. C'est un encouragement. Il lève la main. Il met les gaz. L'avion démarre lentement, se dandinant de gauche à droite; il prend de la vitesse et survole le bout du chemin à un mètre du sol. À présent, il a pris un peu d'altitude et, virant à gauche, passe au-dessus de la propriété familiale, dont tous les coins familiers qui apparaissent en un instant lui rappellent les souvenirs d'une jeunesse heureuse passée dans ce havre de paix et d'affection.

Les nuages bas cachent à présent le petit avion qui lutte contre les éléments en s'élançant vers la liberté. Le moteur est encore froid. Il faut le ménager. À travers une trouée dans les nuages, Maurice aperçoit la côte et le port de Erquy. Les Allemands qui occupent les lieux sont surpris par l'apparition soudaine de ce monoplan inconnu qui les survole. Ils ne réagissent pas. Du Fretay, qui connaît bien certaines des maisons de cette ville, aimerait pouvoir mitrailler les ennemis qui s'y sont installés. Le Zlin est à présent parvenu à une hauteur de mille sept cents mètres dans un ciel nuageux. Il faut voler aux instruments et l'équipement rudimentaire de l'avion rend le pilotage difficile. Le moteur, quant à lui, continue à avoir des « ratés » par intermittence. Il y a un problème de réglage et l'essence n'a pas la qualité requise. Malgré son appréhension et son inquiétude, du Fretay reste calme. Grand croyant, il fait confiance à Dieu et ne doute pas de son succès. D'après ses calculs, il doit encore être à deux cents kilomètres de l'Angleterre, ce qui représente une heure et demi de vol. Pourvu que le moteur tienne le coup.

Petit à petit, il dépasse la zone pluvieuse et le ciel se dégage au-dessus de lui. Des nuages bas traînent sur la mer qu'il aperçoit de temps à autre. Et soudain, le pilote croit repérer la côte. Est-ce la terre ou un mirage ? Une presqu'île se dessine nettement, là-bas, sous les ailes. Mais oui, c'est la forme caractéristique de Portland. C'est l'Angleterre ! Que le moteur tienne encore quelques minutes et permette un atterrissage normal !

Du Fretay a repéré sa position, il descend lentement et avec précaution. Les rafales de vent rendent le vol inconfortable. Il faut éviter que cet avion léger ne soit plaqué au sol par ce vent qui doit être de plus de quatre-vingts kilomètres à l'heure.

La direction suivie est celle de Dorchester et le pilote espère y trouver un aérodrome. Il survole une ville et, un peu plus loin, est le témoin stupéfait d'un match de football, alors que la propagande allemande avait tant parlé du désastre moral et de l'apathie du peuple anglais.

Aux abords de Dorchester, du Fretay repère un champ qui lui paraît convenir. Il le survole à basse altitude. Dans la campagne près de la côte, le site est truffé d'obstacles de diverses natures: piquets, fils, barrières métalliques destinés à empêcher les planeurs de s'y poser. Avec un peu de chance et un

Europe de l'Ouest occupée par l'Allemagne nazie et l'Italie en 1941

Grande Bretagne

France libre

Pays neutres

vent suffisamment fort, un avion léger doit pouvoir atterrir. Il se pose en douceur et, grâce à un «cheval de bois», s'arrête à quelques mètres d'un obstacle. Moteur coupé, du Fretay s'écrie: «Je suis en Angleterre. Je ne suis plus un vaincu. Je suis un homme libre ! »

Les Anglais, accourus de toutes parts, lui font un accueil chaleureux et enthousiaste. Il devra transiter, comme tous ceux qui arrivent de l'étranger, par *Patriotic School*. Ce centre d'information dépend du service de renseignements militaires (*Military Intelligence* 5 - MI 5) du ministère de la Guerre (*War Office*). C'est le centre du contre-espionnage. Il a pour mission de vérifier l'identité et les intentions de tout étranger arrivant en Grande-Bretagne, soit qu'il vienne d'un pays occupé par l'Allemagne nazie, soit d'un pays situé en dehors du Commonwealth. Les marins des navires capturés ou coulés sont également dirigés vers cette institution. La *Royal Victoria Patriotic School* était une ancienne école pour jeunes filles. Située Trinity Road à Clapham, elle fait face à la prison de Wandsworth, où étaient détenus les condamnés à mort. Plusieurs espions découverts lors des interrogatoires à *Patriotic School* y seront exécutés, condamnés par les tribunaux britanniques. C'est à l'initiative d'Oreste Pinto, personnalité hors du commun, que fut créé ce centre d'un genre nouveau.

Cet Oreste Pinto est un néerlandais d'origine, issu d'une famille aisée d'Amsterdam, spécialisée dans le commerce du tabac. Avant la guerre de 1914-1918, étudiant en français à la Sorbonne, il devient l'ami d'un certain Francis Verdier, lequel est membre du Deuxième bureau français. Celui-ci le recrute et, en 1914, l'envoie en Allemagne, comme espion dans la région de Brême-Hambourg. Enfin, il devient membre actif du contre-espionnage français et est spécialisé dans les interrogatoires. Il est chargé de la vérification de tous ceux qui arrivent en Grande-Bretagne après 1940. Oreste Pinto organise *Patriotic School* et lui-même, ou un de ses trente collègues rompus aux arcanes de ce centre, interroge les évadés. Jour et nuit, ils sondent les cœurs et les esprits.

Maurice du Fretay reste quelques jours dans ce centre et puis rejoint les Forces françaises libres. Il a l'honneur d'être présenté au général de Gaulle, qui le félicite de son exploit.

Ensuite, il rejoint la RAF. et, après une période d'entraînement, il est affecté à une escadrille de chasseurs-bombardiers.

Il sera tué le 19 août 1942, lors de l'opération de Dieppe, en attaquant les batteries navales allemandes de la défense portuaire. Son avion, qui avait été soigneusement remisé par les Britanniques, sera détruit lors d'un bombardement ennemi sur l'aérodrome où il était garé.

IV

Le vol du Goéland

1er février 1941

Un armistice met fin aux hostilités en France en 1940. Il est signé à Rethondes le 21 juin 1940, par les généraux Hutzinger pour la France et Keitel pour l'Allemagne. Il divisait la France en deux zones. Une ligne de démarcation courait de Genève à Tours et de Tours aux Pyrénées, en passant par Orthez. La zone qui s'étendait au nord et à l'ouest de cette ligne était occupée par les troupes allemandes et soumise à leur juridiction. Les troupes des trois forces armées françaises devaient y être démobilisées. Les aérodromes vidés de leur matériel étaient utilisés par la Luftwaffe. Aucun avion français ne pouvait voler dans le ciel au-dessus de la zone occupée. La défense y était assurée par l'aviation allemande.

Dans la zone non occupée, des unités de milices sont créées. Elles doivent y assurer la sécurité, protéger les autorités françaises, défendre les installations militaires et gouvernementales. Les avions qui se trouvent sur les terrains de cette zone sont stockés et soumis à la surveillance des Allemands et Italiens, membres de la commission d'armistice.

Les conditions initiales édictées par les Allemands prévoyaient la destruction de tous les avions militaires français. Le général Bergeret, représentant de l'armée de l'air de la délégation française, parvint à faire changer cette clause en arguant que, pour un aviateur, l'avion a la même valeur que l'épée pour un officier de l'armée de terre. Les usines de fabrication de matériel aéronautique cessent de fonctionner. Toutefois, certaines chaînes de production sont maintenues afin de terminer les séries d'appareils en cours que compte utiliser la Luftwaffe. Parmi les avions que l'on continue à monter, sous la supervision des inspecteurs et du personnel de direction allemands, se trouve le bi-moteur Goéland construit par les usines Caudron et équipé de deux moteurs Renault de deux cent vingt chevaux. Cet appareil de transport léger sert d'avion de liaison et permet le déplacement de huit personnes. Il est également utilisé pour le transport de la poste et des pièces de rechange. Sa vitesse de croisière est de deux cent soixante kilomètres et son rayon d'action de plus de mille kilomètres.

Les vols ne sont permis dans la zone non occupée qu'avec l'autorisation allemande. Tout avion qui décolle sans cet accord est considéré comme hostile et traité comme tel. Il est également spécifié que les aviateurs français, qui passeraient en Grande-Bretagne ou tenteraient de s'y rendre, seraient considérés comme traîtres et subiraient le châtiment qui s'y rapporte.

André Colin a vingt-trois ans en 1940. Il a servi dans l'armée de l'air comme moniteur de voltige à l'école de Versailles. Comme tous les jeunes de son époque, il a rêvé de combats aériens, de victoires, à l'instar de ses aînés de la guerre 1914-1918: Guynemer, Nungesser, Fonck, Brocard... Le sort ne l'a pas servi. Il a attendu en vain une affectation dans une unité de chasse où il pourrait mettre son talent en valeur. Hélas, les combats s'achèvent sans qu'il n'y ait été mêlé. C'est la déception. Cependant, il désire de toutes ses forces servir et faire son devoir. Il songe à rejoindre ceux qui combattent pour libérer son pays du joug qui l'accable. Démobilisé, il est rendu à la vie civile avec interdiction de prendre les armes contre les Allemands.

Il caresse un moment l'espoir de quitter la France par un petit bateau, au départ de Camaret, à la pointe de la Bretagne, mais cette filière s'évanouit. C'est ensuite une vague relation qui lui fait miroiter un passage pour le Portugal, via l'Espagne moyennant un important acompte. Ce dernier ne sera jamais récupéré et cette tentative échoue également. En effet, les «possibilités» évoquées à cette époque par des intermédiaires sans scrupules étaient hors de prix et souvent fantaisistes. Dans d'autres cas, elles cachaient un traquenard pouvant entraîner le candidat à l'évasion dans les filets de l'ennemi, car la Gestapo était en alerte et ne manquait pas de frapper quand elle était au courant des intentions de départ d'anciens aviateurs.

André Colin est déprimé d'apprendre les termes par lesquels ses anciens supérieurs condamnent le départ de pilotes ou d'élèves-pilotes pour l'Angleterre. Il existe une véritable vague d'anglophobie. Mais les échecs subis n'ont émoussé ni son ardeur ni sa volonté de s'évader. Pourquoi ne pas tenter sa chance dans la zone libre où il échappera en tout cas à l'occupant, et où il espère trouver un moyen de réaliser son projet ? Passer à travers les mailles des services de surveillance de la ligne de démarcation est un jeu d'enfant. Colin retrouve d'anciens compagnons. Il est séduit par les propos des responsables de l'armée de l'air rencontrés à Clermont-Ferrand.

Suivant les informations qui circulent dans la zone non occupée, il est question de créer prochainement des unités destinées à libérer la France, quand le moment viendra. Au mois d'octobre, Colin s'engage dans les groupes de Protection qui pourraient avoir un jour cette mission. Toutefois, il est déçu par la mentalité de ses compagnons. Il constate aussi le défaitisme des supérieurs qui, à longueur de journée, critiquent les Anglais. Pour eux, ces derniers ont perdu la guerre ou vont irrémédiablement la perdre. Ils considèrent que ceux qui sont partis en Angleterre l'ont fait dans un esprit mercantile. Colin est choqué. Comment peut-on émettre de tels jugements envers des combattants qui luttent par patriotisme et dont la seule motivation est d'aider leur pays à retrouver la liberté ? Ses états d'âme sont rapportés à ses supérieurs qui le prient de démissionner des unités de Protection.

Ayant été témoin d'une scène navrante provoquée par un officier de l'armée de l'air qui avait choisi de revenir d'Angleterre en France, plutôt que de rejoindre le général de Gaulle qu'il critique en public, Colin décide fermement de partir pour l'Angleterre. Il écrit: « Il fallait une excuse à sa lâcheté et pour ne pas rougir d'abandonner la lutte, il attaque le général de Gaulle et les Forces françaises libres », et de conclure:

«Dans quelques jours je partirai [...]. Aller en Angleterre, c'est servir la France, et ne pas se laisser entraîner à une collaboration douteuse; seul le chien lèche les bottes de son maître qui l'a corrigé et nous, Français, nous ne sommes pas battus». Sa décision est prise, il va rejoindre ceux qui se battent en Angleterre au sein des Forces françaises libres. Il a trouvé deux amis qui sont prêts à partir avec lui, Foucaud et Huguet.

Pendant les gardes qu'il doit effectuer à l'aérodrome de Vichy, Colin a observé les mouvements des avions qui atterrissent et décollent. Les appareils ne sont pas nombreux, mais ils pourraient lui fournir le moyen d'évasion qu'il cherche depuis des mois. Parmi les avions, qui transitent par Vichy, figure le bi-moteur Goéland, construit par Caudron et saisi par les Allemands. Ils l'utilisent pour transporter la commission d'armistice et pour effectuer régulièrement des déplacements entre Wiesbaden, près de Francfort, et Vichy. Les va-et-vient de l'avion et de ses passagers ont été soigneusement notés par Colin lors de son service dans les gardes de Protection. Ce dernier n'a aucune peine à pénétrer sur l'aérodrome et à y circuler. Il apprend que, le 1er février 1941, le Goéland doit atterrir dans la matinée. Il décide de partir dès le lendemain et avertit ses deux amis de son intention. Malheureusement, Foucaud a des ennuis graves qui l'empêchent de l'accompagner; quant à Huguet, il ne peut partir avant d'avoir réglé d'importants problèmes. «Tant pis, dit André Colin, je partirai seul.»

Malgré ses préoccupations, il n'oublie pas son neveu et, dans une librairie de la ville, lui achète, en signe d'adieu, le livre de Lagerlöf *Le merveilleux voyage de Niels Holgersson à travers la Suède* (histoire du voyage d'un enfant sur le dos d'une oie). Sa dédicace en dit long: «*Before setting sails for a great and perillous travel*» (Avant de hisser les voiles pour un long et périlleux voyage), et il ajoute: «*Les voyages sont beaux et les retours si doux !*»

Le matin suivant, Colin, muni d'un minimum de bagages et de son plan de vol, est aux aguets sur le terrain. L'avion prévu pour ce matin sera-t-il au rendez-vous ? Son esprit est tendu, déjà inquiet par les maœuvres de départ et de l'itinéraire de vol à prévoir vers le Sud de l'Angleterre *via* la

Bretagne. Son subconscient lui pose la question: «Est-ce bien de partir ainsi ? Vais-je réussir ?» Quant aux conséquences d'un échec, il ne veut pas y penser.

Enfin, voici qu'arrive l'avion dont il avait si souvent observé les horaires. Il se pose et vient s'immobiliser en bordure de la plaine. Une voiture qui attendait embarque les occupants du bi-moteur au camouflage gris, aux ailes portant les croix allemandes et à l'empennage orné de la svatika noire sur fond blanc.

Il est onze heures, le ciel est clair ce matin d'hiver du 1er février 1941. Comme un promeneur sortant du bois, André Colin quitte sa cachette et s'approche d'un pas nonchalant de l'avion. En déambulant, il observe les alentours. Tout paraît normal, personne ne semble attacher d'importance à cet homme qui pourrait être un membre du personnel de l'aérodrome. André met la main sur la porte de l'avion qui n'a pas été verrouillée. Elle s'ouvre sans difficulté. Le voilà installé au poste de pilotage. De sa poche, il sort ses notes techniques et dépose les cartes sur le siège du second pilote. En quelques minutes, le voilà prêt. Il sait que la halte des pilotes et passagers du Goéland prendra trois quarts d'heure. Il ne peut gaspiller aucune des précieuses minutes qu'il a devant lui. Contact sur le moteur gauche. Il part du premier coup. Le moteur droit lui aussi se met en marche docilement. Un rapide « taxi » pour se mettre en position de départ et Colin ouvre les manettes à fond: le bi-moteur prend de la vitesse, la queue se lève, il décolle ! Le premier acte s'est impeccablement déroulé. Le pilote pousse un soupir de soulagement.

Un JU 52 allemand qui s'est présenté à l'atterrissage doit reprendre de la hauteur à cause du décollage de Colin. À ce moment, sur le terrain, des Allemands s'aperçoivent du départ de l'avion. Ils courent en vain pour le «rattraper». Il est trop tard. Un capitaine agite les bras vers le ciel. La région à survoler n'est pas accidentée. Colin vole à une altitude d'environ cinq cents mètres, cap trois cents vers Tours. Les services de surveillance de la Luftwaffe sont alertés. En février 1941, ils ne disposent pas encore d'un système radar de détection au-dessus des territoires occupés et ne peuvent suivre l'avion à la trace.

Blois est prévu comme point de passage et de changement de cap. En approchant de la Loire, l'avion plonge dans une nappe de brouillard. Le pilote se concentre, il vole aux instruments, tient le cap. Mais il a un peu perdu la notion du temps et ne situe qu'approximativement sa position. Par bonheur, le brouillard se dissipe petit à petit et il peut à nouveau naviguer à vue. Mais où se trouve-t-il exactement ? Voulant s'assurer de sa position, il avise un beau terrain plat non loin d'une route. Un tour de plaine, un deuxième, il sort le terrain d'atterrissage et se pose parfaitement. Colin sort de l'avion et court vers le carrefour où il a aperçu un poteau indicateur. Il relève le lieu, en fait un point au Nord de Nantes. Il retourne au pas de course vers l'avion dont il a laissé les moteurs tourner au ralenti. À ce moment, deux gendarmes à bicyclettes arrivent sur la route. Ils sautent à terre et se mettent à courir à travers le champ vers l'avion qu'ils voudraient stopper. Il est trop tard, le Goéland décolle devant les gendarmes penauds. Le cap est ajusté à trois cent cinquante degrés en direction de l'Angleterre. L'avion navigue à deux cent soixante kilomètres à l'heure. Il y a plus d'une heure qu'il est parti de Vichy. Il lui reste trois cents kilomètres à parcourir, dont la moitié au-dessus de la mer. André Colin est calme. Il se contrôle d'une façon remarquable. Il a tout prévu et, jusqu'à présent, il a suivi son plan à la lettre. Encore faut-il qu'aucun chasseur allemand ne vienne interrompre son raid. Ce danger existe: il sait que l'aviation de chasse est déployée sur les terrains de Normandie et dans la pointe du Cotentin. Par chance pour lui, les radars de défense ne sont placés que face à la mer d'où pourraient surgir les chasseurs et bombardiers de la *Royal Air Force*. Au-dessus du territoire occupé, des stations d'écoute sont supposées détecter les avions qui survolent la zone occupée, mais aujourd'hui, elles ne semblent guère vigilantes.

André passe la côte normande et survole la mer en direction du Sud de l'Angleterre. Tout au long de ce passage, qui dure plus d'une demi-heure, il est inquiet. Sans cesse, il scrute le ciel, non sans raison, car il constate soudain que la Luftwaffe a envoyé une section de deux avions Messerschmitt dans le but de l'intercepter et de le descendre au-dessus de la Manche. Par bonheur, les chasseurs allemands ne l'aperce-

Europe de l'Ouest occupée par l'Allemagne nazie et l'Italie en 1941

Grande Bretagne

France libre

Pays neutres

vront pas dans le ciel brumeux et devront rentrer bredouilles à leur base.

Après deux heures quarante de vol, soudain, André Colin aperçoit enfin un bout de côte et la terre ferme. Son avion devient la cible d'une DCA aggressive, les flocons noirs des explosions entourent l'appareil. Il sait que le Goéland porte les signes distinctifs de la Luftwaffe et est ennemi jusqu'à nouvel ordre. Aussi ne souhaite-t-il pas prolonger son vol, et désire se rendre au plus tôt aux autorités britanniques.

Il atterrit en rase campagne près de Portmouth et, à peine immobilisé au sol, il est appréhendé par six *home guards* armés, chargés de la défense territoriale. André Colin parvient à s'expliquer et à les calmer. Il leur donne son identité et leur relate les circonstances de son épopée. On le félicite, on le fête. Il devra cependant transiter par *Patriotic School*, tout comme du Fretay et tant d'autres. Sa réussite est d'autant plus grande qu'il amène aux Britanniques des serviettes diplomatiques remplies de documents secrets laissées dans le Goéland par les membres de la commission d'armistice !

Plus tard, le général de Gaulle félicitera chaleureusement André Colin qui est promu lieutenant-aviateur le 10 février 1941 et s'engage dans la force aérienne de la France Libre, le 26 février 1941. En France, par contre, il est condamné à mort par contumace, pour «crime contre la sûreté extérieure de l'État». En Angleterre, il est cité à l'ordre des Forces aériennes françaises: «Jeune chef d'escadrille ayant rejoint les FAFL* dans des conditions particulièrement brillantes [...] Pilote de grande classe.»

Colin s'engage à la *Royal Air Force* et,après un nouvel entraînement sur un avion de chasse, il passe en escadrille et est affecté à une unité dans le Moyen-Orient.

Il est tué en service commandé le 27 juin 1942, au cours d'une mission aérienne dans la région de Bir Hakeim. Attaqué par six Messerschmitt, il succombe au cours d'un combat inégal.

* Forces Aériennes de la France Libre

V
Envol à la mode de Caen

29 avril 1941 (France)

Dans les années qui précèdent la guerre, les récits des exploits des aviateurs de la guerre 1914-1918 remplissent l'esprit des jeunes. Ils rêvent de combats aériens épiques, ils connaissent les noms célèbres des deux camps: Guynemer, Fonck, Nungesser, Richthoffen, Immelman, Boelke, Mannock, Ball, Willy Coppens et combien d'autres. L'histoire des grandes épopées réalisées par ces pionniers de l'air, Lindbergh, Alan Cobham, Mermoz, Saint-Exupéry, Costes et Belonde sont, pour les passionnés, une invitation à rejoindre la glorieuse phalange dans laquelle leurs aînés ont brillé.

Mus par une même passion, deux jeunes normands, Denys Boudard et Jean Herbert ressentent intensément une vocation qui les pousse vers l'aviation. Ils n'ont qu'un souhait: voler, devenir pilote et, si la guerre qui menace leur pays, la France, se déclenche, ils veulent y participer comme pilotes de chasse.

La section « Aviation populaire » leur avait offert la possibilité de faire un premier apprentissage et d'obtenir le brevet de pilote de tourisme. Ils sont parmi les treize pilotes brevetés en 1938 et vont suivre les cours de pilotage militaire, successivement aux écoles de Bernay et d'Évreux. En 1940, ils sont prêts à entrer à l'École de chasse d'Étampes. Mais alors que leur avenir de pilote semblait tracé et qu'ils se réjouissaient à l'idée de contribuer activement à la défense du ciel de France, l'armistice de juin 1940 survient brusquement et met un terme à leurs espoirs. Entre-temps, l'école se replie sur Bergerac et de là, gagne l'Algérie. Il y a peut-être encore une chance de voler, mais nos deux jeunes pilotes déchantent rapidement, car ils se trouvent du jour au lendemain affectés à une unité de DCA. Toutes leurs illusions s'envolent, mais leur moral reste solide et leur entente est si parfaite qu'ils n'ébauchent aucun plan l'un sans l'autre. Ils voudraient bien trouver le moyen de rejoindre ceux qui combattent et qui n'ont pas accepté la défaite et l'humiliation. Mais les moyens de quitter l'Afrique du Nord sont très limités et, puisqu'ils font partie d'une unité constituée, ils sont tenus par une stricte discipline.

Les permissions accordées aux militaires qui servent en Afrique du Nord peuvent se passer en France non occupée. Denys Boudard et Jean Herbert arrivent à Marseille, mais leur famille et leurs amis habitent en Normandie, aussi passent-ils clandestinement la ligne de démarcation. Ils se retrouvent à Caen pour passer leurs quelques jours de détente, mais ils veulent surtout étudier la possibilité de s'évader. La Normandie étant bordée par la Manche, il devrait y avoir moyen de rejoindre l'Angleterre par bateau. En effet, l'Angleterre continue le combat et la RAF a réussi à dominer la Luftwaffe, l'invasion de l'île n'a pas eu lieu et le général de Gaulle répète avec vigueur et conviction qu'il a besoin de jeunes prêts à se battre.

Tous deux poursuivent leurs recherches pour trouver un moyen d'évasion, mais ils sont très rapidement déçus. Un contrôle sévère est exercé dans tous les ports par les autorités allemandes. Les troupes de l'ennemi sont partout, ils interceptent les véhicules sur les routes, ils mettent tous les bateaux à la chaîne. Les avions civils ont été rendus inutilisables et tous les aérodromes sont occupés par la Luftwaffe. Denys Boudard et Jean Herbert sont terriblement découragés par cet état de choses. Par contre, ils constatent avec satisfaction le comportement patriotique de la plus grande partie de la population. Les forces ennemies qui occupent la Normandie ne sont aucunement acceptées par les Français.

Denys et Jean étaient arrivés à Caen le 17 février 1941; le 11 mars, ils font leurs adieux à leurs parents et repartent pour Marseille, afin d'embarquer pour l'Afrique du Nord et rejoindre leur unité à Alger. Mais ils ne montent pas à bord du bateau... L'idée de gagner l'Angleterre continue à les hanter. Ils veulent retourner dans leur région et y trouver le moyen de partir. Ils se terrent chez des amis, dans les environs de Caen et, de là, rayonnent à travers la Normandie, à la recherche d'une possibilité de voler un avion aux Allemands.

Aux aérodromes de Bernay, Évreux, Saint-Gatien, ils ne trouvent aucune opportunité et décident de prospecter Carpiquet, l'aérodrome de Caen, un lieu qui leur est familier. Denys Boudard a un ami qui travaille dans la région. Ce dernier lui conseille de tenter de rentrer dans la plaine par le sud, à bonne distance de l'État-Major local de la Luftwaffe. L'avis est suivi et nos deux jeunes aviateurs réussissent à pénétrer sur le terrain. La guérite de la sentinelle n'était pas occupée, ce jour-là ! Ils avisent un hangar et y découvrent un petit biplan allemand Bücker-Jungemann, avion d'écolage de la Luftwaffe. Cet appareil sert d'estafette et doit également permettre à un inspecteur de la Luftwaffe d'effectuer des vols d'entraînement. Ils notent que les mécaniciens allemands sont vêtus de salopettes de travail noires. Ils se fournissent donc, au marché Saint-Pierre de Caen, de bleus de travail et, dans leur chambre d'hôtel, ils les teignent en noir. Les inscriptions qui figurent sur le tableau de bord et dans l'habitacle des avions seront évidemment en allemand. Aucun des deux amis ne connaissant cette langue, Jean Herbert achète un dictionnaire allemand-français et traduit les divers termes techniques dont il dresse un tableau équivalent en français. Ils ont également étudié diverses revues dans lesquelles les caractéristiques de vol du Bücker sont décrites, mais ce qui leur importe le plus, c'est l'autonomie de vol. Elle est de trois heures quarante-cinq minutes, ce qui doit leur permettre d'atteindre sans problème la côte sud de l'Angleterre, distante de cent quatre-vingts kilomètres à partir de Carpiquet. Le Bücker qu'ils convoitent porte les croix noires de la Luftwaffe sur un fond gris clair. Il est immatriculé GD EG et son numéro de série est 4477.

Le lundi 28 avril 1941, nos deux compères reviennent sur le terrain. Ils retrouvent « leur avion » dans son hangar. L'inspection du poste de pilotage leur permet de remarquer la manette de gaz en position réduite et en arrière, à la différence des appareils français où ces manettes sont fermées vers l'avant. Par contre, les robinets d'arrivée d'essence et leurs conduits sont difficiles à trouver. Devant un autre hangar, ils aperçoivent un Messerschmitt 108, monoplan léger quadriplace de liaison. Le pilote est à bord. Un mécanicien tourne en vain une manivelle pour mettre le moteur en marche. Un instant, nos deux hommes songent à se précipiter vers l'avion, à assommer pilote et mécanicien et à s'envoler à bord du Messerschmitt 108, mais le risque est trop grand et la réaction des Allemands pourrait signifier leur fin. Les renseignements recueillis de la bouche des travailleurs qui viennent tous les matins, leur apprennent que le Bücker part chaque jour à onze heures pour revenir le soir vers dix-sept heures. Leur plan est arrêté, ils partiront demain, mardi 29 avril.

Dans leur chambre d'hôtel, ils rédigent des lettres d'adieu destinées à leurs parents. Ils les confieront à des amis pour qu'elles parviennent aux leurs, après l'envol du Bücker.

Herbert écrit:

«Chers Parents,

«Quand cette lettre vous parviendra, vous pourrez considérer notre entreprise réussie et être rassurés sur notre sort, car cette lettre a été envoyée après le succès complet de notre projet. À Marseille, où l'embarquement nous a été refusé, nous avons décidé de continuer la lutte aussi bien pour notre pays que pour le désir de revoler [...] Donc, à l'instant où vous lisez cette missive, je suis de l'autre côté.»

«Chers Parents,

«Ne croyez pas que, pour cette raison, je ne vous aime pas, cela serait faux, car je pense toujours à vous et j'ai, pendant ces derniers temps, eu l'envie de courir rue d'Heronville. Mais, hélas, on s'était promis tous les deux de ne pas revoir nos parents dans votre intérêt et surtout le nôtre.

«Signé: Jean.»

Une des lettres est remise à un électricien, l'autre à un employé de la SNCF. Elles devront être envoyées lorsque les messagers auront vu l'avion allemand décoller et survoler la gare.

Ils tirent à pile ou face le premier pilote. Le sort désigne Jean Herbert. Tout comme son compagnon, il a déjà effectué cent quinze heures de vol.

Le lundi 29 avril, une pluie fine tombe sur la Normandie, limitant la visibilité. Denys Boudard et Jean Herbert, revêtus de leur combinaison noire, pénètrent sur le terrain par la discrète entrée sud de la plaine. Le hangar est accessible, un mécanicien travaille sur l'avion dont le capot est ouvert. Ils se glissent dans un coin de l'entrepôt, jouant aux ouvriers qui attendent que cesse la pluie.

Le mécanicien s'en va après un petit temps et, aussitôt, Jean Herbert saute dans le poste de pilotage. Il ne tarde pas à trouver le robinet à essence et la pompe à injection. Il la fait fonctionner et l'essence gicle sur le sol. Denys Boudard se met à l'hélice. Il la lance, une fois, deux fois, rien ne se passe. Un nouvel essai et soudain le moteur démarre. Il se précipite pour s'installer à son poste. Le moteur est froid, il s'arrête. Au moment où il retourne vers l'hélice pour la lancer à nouveau, il aperçoit deux voitures allemandes qui se dirigent vers le hangar. Les deux aviateurs français sont affolés. Leur plan va-t-il brusquement échouer ?

Ils surmontent leur désarroi, ouvrent le capot et font mine de s'affairer dans le moteur. La première voiture arrive, ralentit et continue sa route. La seconde poursuit son chemin. Ses occupants jettent un regard distrait vers le hangar, l'avion, les mécaniciens au travail. Calme et à-propos ont sauvé nos deux hommes...

Jean Herbert remonte à bord de l'avion et Denys Boudard s'installe devant l'hélice. À ce moment, des ouvriers français s'activent le long du hangar et, négligemment, déposent leur brouette devant l'entrée de celui-ci. Jean les interpelle en français:

– Monsieur, voudriez-vous enlever cette brouette ?

– Pourquoi ?

– Pour partir avec l'avion.

– Vous allez où ?

– En Angleterre.

– Vous êtes Français ?

– Dégagez votre brouette, s'il vous plaît et si vous voyez des visiteurs, faites-nous signe.

Denys empoigne l'hélice et le moteur vrombit du premier coup. Il monte à bord à la place avant. L'avion bondit du han-

Europe de l'Ouest occupée par l'Allemagne nazie et l'Italie en 1941

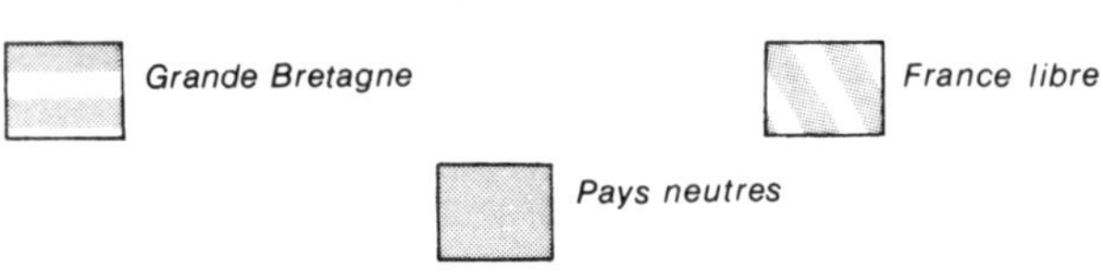

gar et,à ce moment, une des voitures allemandes revient à grande vitesse. Le pilote ouvre les gaz et, vent arrière, décolle en trois cents mètres. Herbert est aux commandes. Il pique vers la maison de l'électricien, un des deux messagers désignés, puis survole la gare de Caen. Il passe au ras des toits en balançant les ailes. Le beau-père d'Herbert, employé aux chemins de fer, les voit passer. Durant le déjeuner, il explique à sa femme, la mère de Jean: «Il y a un zinc «boche» qui a bien failli dégringoler sur les voies vers onze heures».

Guidé par le canal jusqu'à la mer, le pilote ajuste son cap et file vers l'Angleterre. À présent, il s'agit d'échapper à la chasse allemande car, sans nul doute, l'autorité de Carpiquet a dû alerter les escadrilles de chasse afin qu'elles interceptent le «Bücker volé». En effet, des chasseurs prennent l'air et tentent de repérer le biplan. Par bonheur, des nuages le cachent à leur vue. La visibilité est mauvaise au-dessus de la Manche.

Herbert a réussi la première partie de la mission, le décollage et la prise de cap. À présent, Boudard est aux commandes et maintient le cap 330 vers l'Angleterre et la liberté, si toutefois tout se passe bien et si, après avoir déjoué la vigilance des Allemands, ils ne sont pas interceptés et traités en équipage ennemi par les Britanniques. Leur Bücker porte les marques de la Luftwaffe et la RAF ne manquera pas de réagir immédiatement aux appareils à croix noires et croix gammées. Denys Boudard passe la côte à basse altitude. Au-dessus de son appareil, il aperçoit deux chasseurs anglais dans le ciel, mais ceux-ci ne le voient pas. Les champs de cette contrée Sud de l'Angleterre sont hérissés de pieux, tranchées et barbelés destinés à dissuader les planeurs ou les avions de transport de la Luftwaffe, en cas de tentative d'invasion de la Grande-Bretagne. Aussi, le Bücker effectue-t-il une boucle au-dessus de Bournemouth. En virant, les pilotes aperçoivent un terrain d'atterrissage au Nord-Est de la ville. C'est l'aérodrome de Christchurch. Ils viennent s'y poser, le cœur battant, et tandis qu'ils sont en «course finale», ils aperçoivent devant eux des militaires qui jouent au cricket et s'égaillent brusquement pour fuir vers les abris. Le Bücker se pose et sans autre encombre rejoint les hangars où il s'immobilise.

A ce moment, des soldats armés se précipitent vers eux et

cernent l'appareil. Un officier s'avance et les fixe sans bienveillance. «*We are Frenchmen*», s'écrie Denys Boudard, qui parle anglais. Par un heureux hasard, un sous-officier britannique, le sergent Pritchard, a servi dans l'armée britannique en France durant la guerre 1914-1918. Il s'improvise interprète et aide nos évadés à narrer en détail les péripéties de leur extraordinaire aventure.

Nos deux aviateurs transiteront, eux aussi, par *Patriotic School*, mais ils n'y resteront que peu de jours; le temps de se faire «dédouaner» et de confier à qui de droit les précieux renseignements sur la situation du moment en France occupée et dans la zone libre. Ensuite, ils seront reçus par les autorités. Dans un tête à tête avec Churchill, ils sont qualifiés de " Good Boys ". Le général de Gaulle les félicite de leur engagement dans les Forces françaises libres. La BBC relate leur histoire et passe le message «Denys et Jean de Normandie sont bien arrivés». La presse monte en épingle cet exploit hors du commun et publie en détail les anecdotes de l'évasion.

Au même moment, à Carpiquet, les responsables de la Luftwaffe essayent d'étouffer l'affaire. Des sanctions et des mutations auront lieu, mais ne sont pas ébruitées.

Les deux évadés rejoignent la RAF où ils reprennent leur entraînement sur avion de chasse, interrompu en juin 1940. Herbert sera victime d'un accident mortel en 1942. Denys Boudard, quant à lui, rejoindra la *340 Free French Squadron* de la RAF. Il participera aux opérations, notamment à l'invasion de sa Normandie natale, le 6 juin 1944. Il fera carrière à l'armée de l'air et sera pilote d'essai à Bretigny. Le Bücker, après avoir été montré au public lors de diverses expositions en Angleterre, sera détruit dans un incendie.

VI

Des harengs en Angleterre !

5-6 mai 1941

Le Royaume des Pays-Bas avait connu la paix en Europe depuis 1830, grâce à une neutralité soigneusement respectée.

Épargné par la guerre 1914-1918, il avait été un des lieux de passage privilégié entre les zones occupées par l'Allemagne et les pays alliés. Les pays neutres, en temps de guerre, sont truffés d'agents de tous bords et les Pays-Bas, durant la première guerre mondiale, n'avaient pas échappé à cette règle.

En 1939, la menace de guerre pèse sur ce pays pourtant pacifique. Les intentions d'Hitler sont d'annexer toute l'Europe en occupant les pays neutres, tels le Danemark, la Norvège et les Pays-Bas. Non seulement, il disposerait ainsi de leurs riches colonies et territoires d'outre-mer, mais surtout, il assurerait à l'Allemagne l'accès direct à la mer par des ports libres, avantage incommensurable: les flottes allemandes, marchande et de guerre pourraient sillonner les océans sans contrainte. Les Néerlandais se rendent compte en 1940 de la menace qui les guette, et essaient de pallier au plus vite leur déficience en matière d'armement. Ils n'y parviendront pas. De plus, ayant vécu dans la neutralité depuis longtemps, ils n'ont coordonné aucun plan de défense avec les états-majors alliés. La marine et surtout l'aviation avaient reçu la priorité de moderniser leurs équipements. Les Néerlandais possédaient près de deux cent cinquante appareils, beaucoup de type récent. La plupart des avions étaient construits chez Fokker, et parmi les plus performants, on trouvait le bimoteur

Fokker GI A, version chasseur, armé de huit mitraillettes tirant vers l'avant et le GI B, appareil de reconnaissance et de bombardement. L'aviation effectue en quatre jours trois cent trente-trois missions. Elle perd quatre-vingt quatorze appareils et soixante-quinze pilotes.

Envahis à l'aube du 10 mai 1940, la lutte se termine le 14 mai 1940, après la destruction massive d'une partie de Rotterdam. Les bombardements ont fait plus de trente mille victimes. Les forces allemandes ont souffert de pertes sévères: deux cent vingt-quatre JU52 ont été détruits au sol. La souveraine des Pays-Bas et le gouvernement se réfugient en Angleterre, le 13 mai 1940. Le 15 mai, après la capitulation, les avions disponibles en unité sont sabotés et incendiés. L'école de pilotage, évacuée le 10 mai sur Caen, est transportée par bateau en Angleterre. Elle comprenait deux cent cinquante-et-un instructeurs et élèves pilotes. Le 13 mai, de nombreux hydravions de la marine quittent leur base des Pays-Bas. Ils rallient le Sud de la Grande-Bretagne, après avoir transité par Boulogne, Cherbourg et Brest. Par décision des autorités occupantes allemandes, les combattants sont faits prisonniers. Les militaires des unités constituées sont démobilisés. Les réservistes retournent à la vie civile et essayent de se faire embaucher chez leurs anciens employeurs. Ils rencontrent les plus grandes difficultés, car le pays est dirigé par les Allemands qui installent un régime draconien et placent leurs hommes dans les postes-clefs des sociétés néerlandaises. Le pays s'éveille avec surprise à un mode de vie qu'il n'avait guère connu en 1914-1918.

Faisons un retour en arrière sur la situation très modeste de l'industrie aéronautique néerlandaise durant la première guerre.

L'aviation n'était pas un des passe-temps favoris d'une nation beaucoup plus intéressée par la mer, la voile et tous les sports nautiques. Le constructeur néerlandais, Anthony Fokker, l'avait compris et avait donc, en 1914, installé son usine dans le Nord de l'Allemagne, au Sud-Ouest de Lubbek, dans la ville de Scherin. C'est là qu'il avait produit, durant la première guerre, les fameux chasseurs E III, DVII et DRI (le triplan que Richtofen utilisa avec le succès que l 'on sait face aux aviateurs «alliés»).

Les conditions d'armistice de 1918 interdisaient à l'Allemagne vaincue de posséder une aviation et surtout de maintenir en activité les usines de construction d'avions et de dirigeables.

En 1919, Anthony Fokker, invité par le gouvernement des Pays-Bas, déménage son usine et l'installe au Nord-Est d'Amsterdam. Ce transfert vers l'ouest représente trois cent cinquante wagons de marchandises transportant deux cents avions des types DVII, DVIII et quatre cents moteurs, sans compter les pièces de rechange pour tous les types d'appareils. La firme Nederlandse Vliegtuigen Fabriek Fokker est créée, mieux connue sous le nom de Fokker. Dès ce moment, les aviations tant militaire que civile néerlandaises s'équipent uniquement d'avions Fokker. Au fil des années, elles se modernisent grâce aux nouveaux appareils produits par Anthony Fokker, un génie dans son domaine.

En 1940, les Allemands occupent les Pays-Bas. Ils n'ont pas oublié leur longue collaboration avec Fokker. Leur premier souci est de sauvegarder les usines, soigneusement épargnées par l'aviation allemande durant les quatre jours de combat, et de les faire tourner à leur profit. De son côté, la RAF essaie de les détruire mais, malgré des dégâts infligés lors de bombardements en 1940, ils ne parviennent pas à interrompre la production, et notamment celle du fameux GI, dénommé le Faucheur, avion bimoteur au bi-fuselage de chasse, qui était produit pour les Pays-Bas et la Finlande. De même, la chaîne de montage des hydravions à deux flotteurs T8W continue à fonctionner dans une des usines de la firme située à l'Ouest d'Amsterdam. Presque tout le personnel dirigeant est allemand, et sous les ordres du *Doctor* Pluim. Toutefois quelques Néerlandais sont maintenus à des postes-clés. C'est le cas de Piet Vos, directeur technique, et de Leegstra, ancien pilote d'essai. Une partie des mécaniciens d'avant 1940 est récupérée et, parmi eux, Weybert Lindeman qui travaillait sur les hydravions T8W.

D'autres n'auront pas la chance de reprendre leur travail comme Boomsma, ancien sous-officier à l'aviation militaire néerlandaise. Pour ceux qui, comme lui, souhaitent rallier l'Angleterre, il existe un itinéraire éventuel pour rejoindre le Portugal en traversant la Belgique, la France et l'Espagne. Mais la Belgique et la France ont été si rapidement investies et quadrillées qu'il est pratiquement impossible, pour un militaire néerlandais en quête d'évasion, d'éviter les passages dangereux et particulièrement surveillés sur la route de la liberté. Un autre problème est crucial aussi: la difficulté de communiquer en français, pour des Hollandais sans connaissance de cette langue. Il y a bien une tentative pour instaurer une ligne d'évasion, mais elle est vite infiltrée par des éléments à la solde de l'occupant.

Les instigateurs de cette ligne sont impitoyablement arrêtés ou doivent se cacher pour survivre. Enfin, la propagande nazie qui, par ses communiqués pervers, annonce que la victoire d'Hitler et la fin des hostilités sont pour bientôt, fait réfléchir plusieurs candidats à l'évasion. Ils veulent attendre quelques semaines avant de prendre des décisions.

Jan Beelaerts van Blokland, lieutenant de cavalerie, est parmi ceux qui rongent leur frein et ne veulent pas renoncer à l'idée de s'échapper. Il est un compagnon de régiment du prince Bernhard. Il a combattu l'ennemi avec vigueur durant quatre jours, pour apprendre ensuite qu'aucun emploi ne lui serait offert. Avec deux amis, officiers comme lui, il a pensé partir à bicyclette à travers la Belgique et la France, mais ce projet s'est avéré impossible.

Homme actif, il entre dans la clandestinité en automne de l'année 1940, à l'Ouest d'Arnhem où il habite. Il circule dans la région en quête de terrains permettant l'atterrissage d'avions venant d'Angleterre. Il s'intéresse également aux fleuves et aux voies d'eau qui offrent aux hydravions des possibilités d'amerrir.

Les résistants souhaitent évacuer aussi bien des personnalités importantes du pays que des patriotes traqués. Beelaerts est l'un de ceux-ci. Il est en rapport avec un certain Lenglet de Nève, chef de réseau, qui dirige les activités clandestines de la région d'Amsterdam. Lenglet, agent des services secrets alliés en 1914-1918, essaie activement de trouver un moyen de faire partir ses «protégés» par la voie des airs. Si les promesses d'aide sont nombreuses, malheureusement les réalisations sont quasi inexistantes.

En octobre 1940, une tentative est faite pour venir rechercher des patriotes par un hydravion amerrissant sur le Waal, entre Arnhem et Apeldoorn. Mais elle échoue. Les Allemands, avertis par des délateurs, attendent à la réception et l'hydravion ne peut se poser. Criblé de balles, il retourne en Angleterre.

Durant ses recherches, Jan Beelaerts découvre deux avions de tourisme, l'un à Voorschoten, l'autre à Enschede. Mais il reste à trouver un terrain pour décoller et surtout un pilote compétent. Malgré tous ses efforts, il n'y parvient pas et, en désespoir de cause, il projette à nouveau de quitter le pays avec son ami Bergman, ancien militaire comme lui, en traversant la Belgique, la France et l'Espagne pour arriver au Portugal.

Le 15 janvier, ils prennent le train pour Breda où ils doivent retrouver un troisième compagnon d'évasion. Chez celui-ci, le capitaine Min Gelaar, actif dans la résistance, apprend à Jan Beelaerts l'existence d'une liste reprenant le nom de tous les Néerlandais qui travaillent pour l'occupant et qui, pire est, informent la Gestapo des activités clandestines des patriotes. Sur cette liste apparaît le nom d'un jeune avec lequel Jan Beelaerts était en rapport lorsqu'il cherchait à utiliser les avions civils. De son côté, la Gestapo a dressé la liste des officiers de l'active et enquête sur leurs activités. Elle effectue une descente dans l'immeuble où réside Beelaerts, ce qui l'oblige à fuir, ainsi que ses compagnons, et à quitter la région en catastrophe. Beelaerts se rend à Amersfoort et prend ses quartiers chez son ancien chef de corps, où il est averti, en mars 1941, qu'il doit se tenir prêt à un départ prochain pour l'Angleterre.

Durant ce temps, près d'Amsterdam, Lindeman continue son travail chez Fokker, où il est retourné en 1940. C'est un « ancien » dans la firme, recruté en 1934 par Anthony Fokker lui-même. Il a travaillé d'abord dans l'usine mère au Nord-Ouest d'Amsterdam, et ensuite dans les ateliers où sont fabriqués les hydravions pour la marine nationale néerlandaise dont le T8W, bimoteur-torpilleur muni de deux flotteurs. Il est ensuite transféré à Schiphol où il doit, avec son ancien compagnon d'usine, Van Paridon, peaufiner les avions Fokker GI que les Allemands comptent utiliser à leur profit. Ils ont remis en route la chaîne de montage de ces appareils, dont certains en cours de construction étaient destinés à la Finlande, d'autres faisant partie de la commande passée par l'aviation militaire néerlandaise. Les appareils terminés à Amsterdam sont montés à Schiphol et, ensuite, essayés en vol par un certain Meinecken, pilote d'essai. Personnage douteux, il avait travaillé chez Fokker jusqu'en 1938 où il fut remercié, les dirigeants néerlandais ne lui faisant aucune confiance. Il sera récupéré par les Allemands et reprendra ses anciennes activités de pilote d'essai.

L'aérodrome de Schiphol a été remis en état après les destructions dues aux bombardements de 1940. Il est sévèrement surveillé par les services allemands, aidés d'auxiliaires néerlandais. Toutes les entrées sont rigoureusement contrôlées. Sans un laissez-passer, il n'y a aucune chance d'entrer sur la plaine.

Lindeman et Van Paridon travaillent dans l'ancien hangar de la KLM. Ils vérifient les Fokker GI avant leurs vols. Ils doivent occasionnellement donner un coup de main aux mécaniciens allemands lors des passages d'avions de la Luftwaffe. En fait, certains avions, tels les JU52 de transport, viennent régulièrement chez Fokker pour y subir une révision ou une réparation.

Lindeman réalise amèrement qu'il travaille pour l'ennemi et mérite le mépris des vrais patriotes. Il cherche comment servir la cause alliée et songe à commettre un acte de sabotage sur un avion allemand ou sur un Fokker destiné à la Luftwaffe. Mais il se sent seul et est conscient d'être surveillé. Il habite non loin de Schiphol chez un Néerlandais appelé Moser. Ce dernier travaille à l'aérodrome, où il fait partie des équipes de maintenance au sol. Chaque matin, une voiture vient le chercher à son domicile et l'y ramène le soir. Un jour, Moser offre à Lindeman, qui accepte avec plaisir, de profiter de la voiture et de faire le trajet avec lui. Au hasard de la conversation, Lindeman apprend que son logeur est membre actif du parti pro-nazi. S'il en est choqué, il réalise en même temps qu'une telle relation pourrait représenter pour lui une réelle protection. Moser, qui le trouve sympathique, l'invite un soir au bistro du coin chez un certain Cor Loos. Lindeman y retourne quelquefois, en automne 1940 et, un soir, il fait la connaissance d'un jeune homme qui vient de la même région que lui.

Confiance et amitié se nouent entre les deux hommes, au point qu'un beau jour, Lindeman est emmené chez un certain Lenglet, le journaliste écrivain et agent de renseignements, qui habite près de la gare d'Amsterdam. Maryvonne, la fille de Lenglet, seconde efficacement son père et sa discrétion est totale concernant les activités clandestines. Lenglet a tout de suite perçu chez son interlocuteur la droiture et l'honnêteté. Il le charge de lui fournir des renseignements concernant les activités de la Luftwaffe à Schiphol. Lindeman accepte, tout en réalisant qu'il s'engage dans une spirale de risques.

Il comprend également que, pour survivre, il doit être d'une discrétion totale et ne jamais parler. Il comprend la nécessité impérative du secret absolu, même vis-à-vis d'une jeune personne, Ria Toledo, rencontrée quelques temps plus tôt et qui deviendra sa fiancée.

Dans un premier temps, Lindeman avertit Lenglet d'importants transports de denrées alimentaires et d'objets de luxe acheminés par les Allemands vers leur pays, au détriment de l'économie des Pays-Bas. Plus tard, fin 1940, il l'avise également de la présence de JU87 Stuka armés de bombes, destinés à l'attaque des navires alliés.

Au début de 1941, lorsque Lenglet est sûr de son agent, il lui demande d'étudier la possibilité de saisir un avion allemand sur la base de Schiphol et de permettre à de nombreux résistants de s'envoler vers la Grande-Bretagne. La chance veut que les JU52 remis en état par Fokker attendent parfois deux ou trois jours sur l'aérodrome avant de repartir vers l'Allemagne. Ce précieux renseignement est aussitôt exploité par Lenglet, qui charge Lindeman d'assurer le suivi de l'action qui se prépare. Il a acquis la confiance des Allemands et peut circuler librement sur l'aérodrome. Lenglet lui demande de fournir les notices techniques de l'avion. Lindeman y parvient et transmet ensuite les divers codes de sécurité. L'avion en vol peut ainsi s'identifier auprès des systèmes de surveillance allemands. Le projet de départ du JU52 suit son cours et se concrétise. Lenglet a dressé la liste des dix Néerlandais qui doivent s'évader grâce à ce vol. Le départ est prévu début avril 1941, le pilote désigné est un certain Kappelmeyer, ancien commandant de bord de la KLM. De faux laissez-passer sont confectionnés de main de maître et Lindeman, à titre d'essai, se sert de l'un d'eux sans éveiller aucun soupçon. Jan Beelaerts van Blokland, Evert Boomsma, sont parmi les personnes désignées pour le départ à bord du trimoteur.

Wyber Lindeman a mis sa fiancée au courant de son projet et lui a même proposé de lui rendre sa liberté. Elle lui déclare sa fidélité et promet d'attendre son retour.

La date du départ est fixée au lundi de Pâques, 14 avril 1941. Il est prévisible que les Allemands, après avoir festoyé le dimanche de Pâques, seront moins vaillants et moins vigilants le lendemain.

Le vendredi soir, les dix laissez-passer sont en possession de Lindeman, à qui Lenglet a donné les dernières instructions. Il lui a confié un revolver FN pour se défendre, au cas où il serait surpris dans l'accomplissement de sa mission, et le charge de transmettre les ordres au pilote Kappelmeyer (Kapple) lui indiquant le lieu de rassemblement ainsi que la manière de pénéter à Schiphol. Les autres « amis » se rassembleront chez Lengle, d'où ils partiront vers l'aérodrome.

Tout semble se dérouler impeccablement.

Tôt le lundi matin, Lindeman arrive comme convenu chez le pilote, afin de se rendre ensemble à Schiphol. À sa plus grande surprise et à son immense déconvenue, le pilote déclare avoir changé d'avis et renonce à ce vol. Il est formel et totalement déterminé, malgré les furieux reproches de Lindeman qui est anéanti et bouleversé. Toute l'opération est à l'eau ! Il hésite même à abattre le traître qui pourrait le dénoncer. Il s'empresse d'avertir Lenglet de la situation. Déçus, les évadés sont prévenus du contre-temps et se résignent à attendre de nouvelles instructions.

Entre-temps, Lindeman est en possession des laissez-passer et du revolver. Le premier jour, il cache ces objets compromettants dans la chambre qu'il loue chez Moser, mais, dès le lendemain, il demande au cafetier Cor Loos de les dissimuler chez lui. De son côté, Lenglet cherche avec frénésie un autre pilote prêt à se lancer dans cette aventure périlleuse.

Piet Vos, ingénieur chez Fokker, avait retrouvé dans la société la fonction de directeur technique de production, poste occupé par lui avant le 10 mai 1940. Officier-navigateur de réserve, il avait combattu en 1940. Les Allemands ne lui en avaient pas tenu rigueur et l'avaient réintégré dans l'affaire. Le *Doctor* Pluim, nouveau «*manager*» de l'usine Fokker, appréciait son assiduité au travail et sa grande conscience professionnelle.

Vos avait l'habitude de se montrer en public accompagné d'officiers et de civils allemands, ce qui lui valait le mépris et les critiques de ses concitoyens. Il était considéré comme collaborateur. En réalité, il ne faisait que cacher son jeu et, avec son ami Leegstra, pilote de l'usine, il avait mis au point un projet audacieux pour rejoindre l'Angleterre. Ils n'en parlaient qu'entre eux sur le terrain de golf, après s'être assurés qu'aucune oreille indiscrète ne pouvait saisir leur conversation. Souvent, d'anciens aviateurs, en quête de travail, avaient recours à l'aide de Vos, mais ce dernier ne pouvait évidemment pas les embaucher tous.

Gevert Steen, pilote de chasse en mai 1940, avait eu plus de chance que les autres et avait réussi à se faire engager chez Fokker au début d'avril 1941. Lui aussi, dès la fin des hostilités, projette de rejoindre la Grande-Bretagne, mais il n'y est pas encore parvenu. Lenglet le connaissait grâce à Boomsma, tout comme il connaissait Piet Vos. C'est à Steen qu'il s'adresse pour piloter le JU52 toujours parqué à Schiphol. Bien qu'il n'ait jamais piloté de multimoteurs, Steen accepte la proposition de Lenglet. Malheureusement, au moment prévu pour le départ, Lindeman annonce avec consternation que le JU52 est en route pour l'Allemagne. Le plan s'écroule une nouvelle fois, à la grande déception des évadés qui brûlent d'impatience de s'envoler.

Lenglet commence à s'inquiéter car plusieurs de ceux qui devaient partir étaient «brûlés» et couraient chaque jour un danger plus grand d'être arrêtés. Il se met donc en quête de trouver un autre moyen d'évasion et donne ordre à Lindeman de se présenter chaque soir, pour l'informer des nouveaux plans de vol. Huit jours plus tard, fin avril, Lenglet annonce qu'il a trouvé une solution. Jan Beelaerts van Blokland, menacé lui aussi, devait disparaître de toute urgence. Il faisait partie des évadés déçus du JU52. Il avait l'habitude de circuler à bicyclette dans la banlieue d'Amsterdam. Un jour, en passant dans la zone du port le long du bassin Minerva, il aperçoit un hydravion Fokker T8W au mouillage. Il communique cette nouvelle à Lindeman qui, dès le lendemain, se rend sur place.

L'appareil est toujours là !

A Lenglet qui lui demande s'il est toujours prêt à partir, Lindeman répond avec enthousiasme par l'affirmative. Il ajoute qu'il a travaillé pendant plus de deux ans à la construction de ce type d'hydravion, lequel n'a aucun secret pour lui; il en connaît les caractéristiques, la disposition du tableau de bord et le procédé de mise en marche. Heureusement, car Steen, le candidat-pilote, n'a aucune connaissance de cet appareil. De plus, il n'a jamais décollé sur l'eau.

A présent, Lindeman furète dans des notices techniques et fait appel à sa mémoire, afin d'assurer le succès du projet. Il se souvient notamment qu'après chaque vol, les bougies des cylindres inférieurs du moteur en étoile étaient enlevées. Il faut donc prévoir quatre bougies de rechange pour permettre la mise en marche.

Sous prétexte d'une visite chez le dentiste, le 1er mai 1941, Lindeman s'arrange pour rencontrer Leo Zytveld, mécanicien chez Fokker, qui lui confirme ce qu'il appréhendait au sujet des bougies. Il lui apprend que le T8W au mouillage fait partie de la fin de la série d'hydravions en construction chez Fokker. Toutes ces informations sont retransmises à Lenglet.

Début mai, Lindeman rencontre, chez Lenglet, ceux avec lequels il est supposé s'envoler. Ensemble, ils font l'essai d'un canot gonflable procuré par Beelaerts et qui devra servir, le soir du départ, à amener les membres de l'équipage au point d'amarrage de l'hydravion et à monter à bord. À la lumière de l'essai, ils constatent que le canot ne peut transporter que quatre hommes, alors que cinq hommes sont prévus. Le malchanceux qui reste en rade est un certain Gys, habitant Amsterdam. Les deux pagayeurs désignés sont Steen, le pilote, et Jan Beelaerts qui connaît le maniement du canot.

Entretemps, Lindeman a mémorisé tous les détails techniques permettant la mise en marche et le décollage de l'hydravion. Il ne reste plus qu'à attendre le jour propice.

Le lundi 5 mai, Lindeman est à Schiphol, comme chaque jour, pour son travail de routine. Vers midi, Émil Meinecken, le pilote du Fokker, donne l'ordre de préparer les deux GI, qui attendent depuis quelques jours leur dernier test avant le départ vers l'Allemagne. On fait le plein d'huile. Lindeman constate que le réservoir à essence d'un des avions est plein alors que d'habitude on ne prévoit de carburant que pour une demi-heure de vol. Vers 3 heures, Hidde Leegstra se présente accompagné de Piet Vos. Ils sont en tenue de vol. Leegstra est un habitué de Schiphol. Il a effectué plus de soixante-dix vols d'essai après les réparations faites par Fokker sur les JU52. Vos, quant à lui, est rarement venu à la plaine. Leur arrivée semble d'autant plus surprenante que les deux aviateurs sont des officiers de réserve. Alors qu'ils se dirigent vers un des deux Fokker, ils sont interpelés par un officier allemand chargé de la sécurité. Ils doivent retourner au bureau de pilotage où ils sont retenus par l'officier allemand, qui estime inutile un vol d'essai. Il est difficile de le convaince du contraire, mais finalement Meinecken y parvient. Les deux hommes sont pâles, quand ils sortent du bureau, accompagnés par Meinecken. Ils se dirigent à nouveau vers les deux appareils et Lindeman informe Piet Vos, à voix basse, que le réservoir est plein.

Il est seize heures vingt et la consigne veut que l'on atterrisse à dix-sept heures au plus tard.

Le premier Fokker, ayant à bord Vos et Leegstra, décolle à seize heures vingt-six, suivi à peu de distance du deuxième appareil dans lequel Meinecken est seul. Il doit surveiller le premier avion au cours du vol. Ils prennent la direction nord et, peu après le décollage, disparaissent dans les nuages.

Au sol, Lindeman rêveur fixe l'horizon, se demandant si les deux aviateurs néerlandais ne vont pas mettre le cap vers l'ouest, vers la liberté. Il en est persuadé quand, une demiheure plus tard, seul l'avion piloté par Meinecken vient atterrir. Le pilote, visiblement furieux, sort de l'appareil et se dirige précipitamment vers le hangar. Il s'est rendu compte qu'une fois dans les nuages Leegstra a changé brusquement de cap et

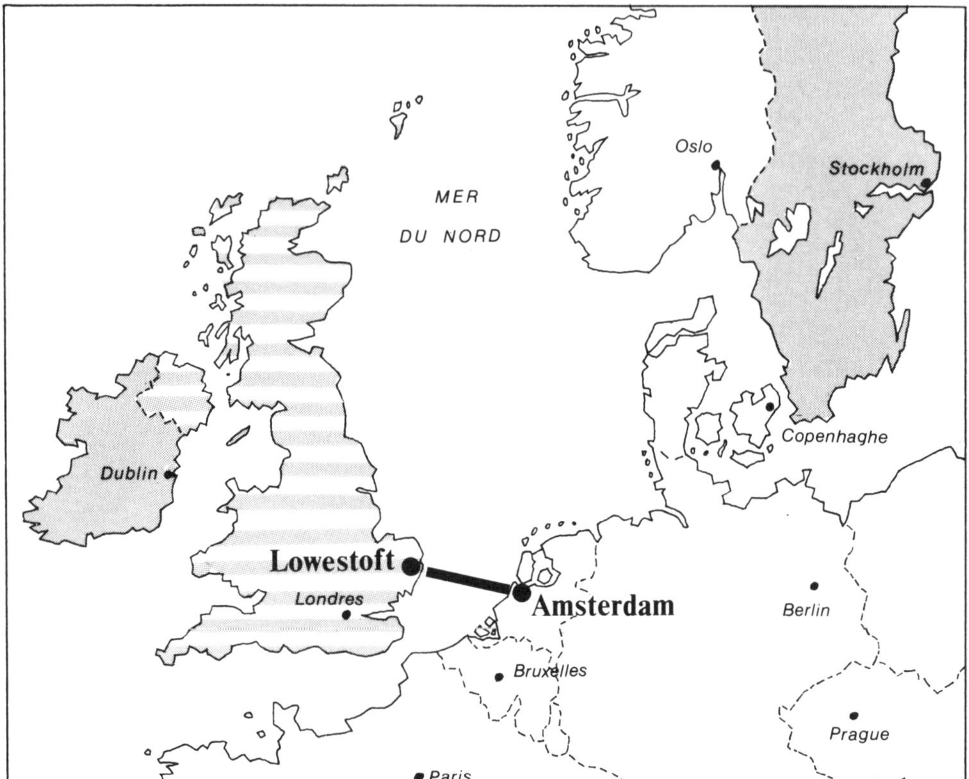

Europe de l'Ouest occupée par l'Allemagne nazie et l'Italie en 1941

1. *Reuter devant un* Renard 31.

2. *Offenberg (RAF), à la fin de l'année 1940.*

3. *L'avion de Reuter.*

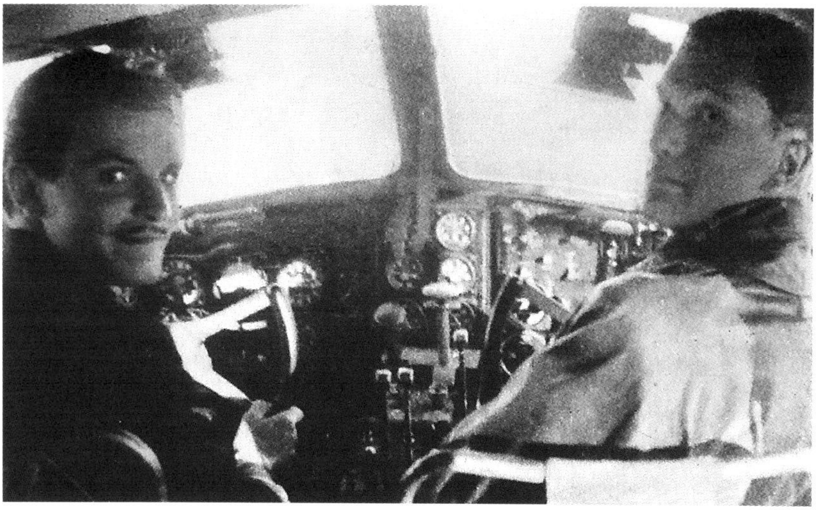

4. *Mouchotte et Guérin dans le* Goéland, *en juin 1940.*

5. *Le* Goéland *en juin 1940.*

6. Le Manoir de Ranléon à Jugon.

7. Avenue du Manoir de Ranléon ou «piste d'envol» de Maurice Halna du Fretay, en novembre 1940.

8. Le Zlin XII *de Maurice Halna du Fretay.*

9. Maurice Halna du Fretay, pilote dans la RAF.

10. Le caporal Maurice Halna du Fretay, fêté par ses camarades en 1940.

11. *Le* Caudron Goéland *similaire à celui «emprunté» par Colin en février 1941.*

12. *Le* Bücker-Jungman *à son arrivée en Grande-Bretagne en 1941.*

13. *Hubert et Boudart à leur arrivée, devant le* Bücker-Jungman.

14. *Boudard et Donnet 50 ans plus tard à Carpiquet en 1991.*

15. Le Fokker-GI. *Évasion de Leegstra et Vos.*

16. Le Fokker FW8. *Évasion de Beelaerts, Boomsma, Lindeman et Steen.*

17. De gauche à droite, en haut, Leegstra, Beelaerts, Boomsma. En bas, Lindeman, Vos, Steen.

18. Le Hornet-Moth *(de Havilland) de Thomas Sneum.*

19. Donnet, Jansen et Divoy en 1975, lors d'un vol commémoratif de celui de 1951.

20. Les membres du Royal Observer Corps et le Stampe*, après l'atterrissage en Grande-Bretagne, à Thorpe-le-Soken (Essex).*

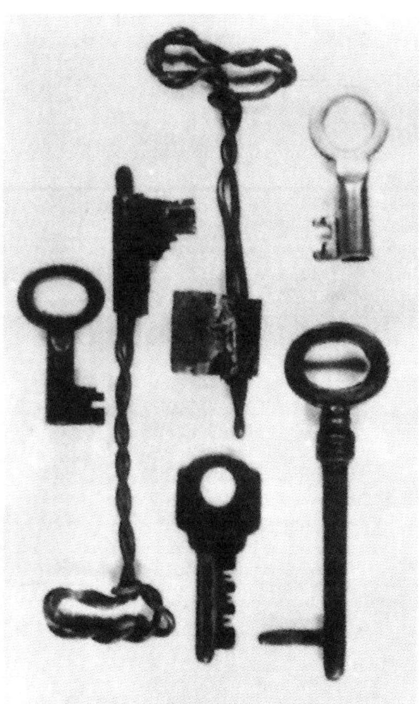

21. Clés fabriquées pour ouvrir le hangar de Ter Block.

22. Instruments fabriqués pour le vol du Stampe.

23. Entourant le Stampe SV4b: *Robert Voss, Albert Valcke, Mike Donnet, Pierre Valcke, Léon Divoy, Marc Donnet, Lucien Jansen.*

24. Le Fairey Fox *de l'escadrille de Léon Divoy en mai 1940.*

25. Le Stampe *du Général Donnet en 1975.*

26. Le Renard 31 *de l'escadrille de Mike Donnet en mai 1940.*

27. Le Caudron-Goéland, *avion similaire à celui de Florien.*

28. Peer Perch.

29. Le Gipsy-Moth *(de Havilland) de Peer Perch*

For Afskriftens Rigtighed bekræftes
den 28/4-1947.

Statens Luftfartsvæsen

Slettet

…NGERIGET
…ANMARK
(Kingdom of Denmark)

…REKTØREN
FOR
…FARTSVÆSENET
(Director of Civil Aviation)

52

ANNULLERET

Luftdygtighedsbevis № 52
(Certificate of Airworthiness)

Luftfartøj, tungere end Luft.
(Aircraft (Heavier than air))

Slettet af registret den 22/5-1959, hvor luftfartøjet befinder sig, kan ingen oplyses.

P. Rygaard

FØRSTE DEL.
(First Part)

Ejerens fulde Navn, Adresse og Nationalitet.
(Full Name, Address and Nationality of Owner)

…navn (Selskabets Navn): Perch Aasted
(…me of owner [or name of company])
…avn: Peer-Henry-Albert Jørgen
(…an name)
…sse: Esbjerg. Bredgade 75, København K.
…nalitet: Dansk Dansk
(…ality)

…navn (Selskabets Navn): Thomsen
(…e of owner [or name of company])
…avn: Aage Dyhr
(…an name)
…sse: Søndergade 5, Herning
…nalitet: Dansk
(…ality)

Fabrikantens Navn.
(Name of Constructor)

…: The de Havilland Aircraft Co. Ltd. Edgware, Middlesex, England

Nationalitets- og Registreringsmærker.
(Nationality and Registration Marks)

OY-DEH

ANNULLERET

Beskrivelse af Luftfartøjet.
(Description of Aircraft)

…e: D. H. Moth Serie: (Series) 60 M. Fabrikationsnummer: (Constructor's No.) 1446

8. Fabrikationssted og Fabrikationsaar: Edgware, Middlesex, England. 1929
(Place and year of construction of Aircraft)

Luftfartøjets Art (Class of Aircraft)
9. Land og/eller Sø: Land
(Land and/or marine)
10. Antal Planer: To
(Number of planes)
11. Antal Motorer: Een
(Number of engines)
12. Maks. Antal af Personer ombord (inkl. Besætning): To
(Maximum number of persons to be carried [included crew])

Luftfartøjs Klasse (Classification of Aircraft)
13. Klasse: III.
(Category)
14. Underklasse: (a), (b), (c), (d) og (e)
(Subdivision)

15. Største Spændvidde (i Flyvestilling): 9,3 m
(Maximum span [in flying position])

30. Copie du certificat de navigabilité de l' avion acheté en 1929 et utilisé par Peer Perch pour s'évader en 1943.

31. Le général Donnet et le chef de l'aviation danoise, le général Ramsberg.

32. Le prince Philippe avec le général Donnet lors de la cérémonie commémorative du Débarquement et de la Libération, à Beauvechain, le 10 juin 1994.

a disparu de sa vue.

En effet, Leegstra a pris le cap ouest, les manettes grandes ouvertes afin d'éviter que Meinecken ne puisse le rattraper. Ce dernier croit encore que le GI s'est écrasé dans le Zuiderzee.

Or, à l'approche de l'Angleterre dans un ciel redevenu clair, l'appareil est détecté par radar et intercepté par trois Hurricane. Leegstra sait évidemment que le GI porte les croix noires des avions allemands. Il tente de se faire identifier par un virage de quatre-vingt-dix degrés: la manœuvre réussit. Plus loin, au passage de la côte, l'avion est touché par une salve de mitrailleuse. Le coin est dangereux, l'avion considéré comme ennemi. Leegstra et Vos ne veulent pas sauter en parachute car, à l'arrière du fuselage, la gouverne de profondeur présente une barre dangereuse en cas d'éjection. Aussi choisissent-ils plutôt de se poser dans un champ. Le pilote doit effectuer un «slalom» entre les piquets de fer dressés pour empêcher l'atterrissage de planeurs ennemis. À peine à terre, les deux hommes sortent précipitamment de leur avion, les mains en l'air, tout en criant: «Nous ne sommes pas des Allemands.» Les militaires britanniques les tiennent en joue. Vos et Leegstra enlèvent leur combinaison et apparaissent en civil. Ils expliquent leur histoire et donnent des détails sur leur évasion. Par chance pour eux, ils ont atterri parmi des militaires britanniques d'active et non parmi des membres de la *Home Guard*, qui auraient été beaucoup plus difficilement convaincus de la véracité de leur histoire. L'officier britannique chargé de leur garde les amène au mess des officiers. Ensuite, des policiers les prennent en charge et les enferment pour la nuit dans des cellules de la prison de Lowestoft. Le lendemain, ils sont conduits à *Patriotic School*.

Vos et Leegstra ne sont pas revenus de leur vol. Meinecken a son opinion, Lindeman est persuadé qu'ils sont partis pour l'Angleterre. Après son travail, il rentre chez lui avec Moser, comme chaque soir. Il lui annonce qu'il se rendra ensuite chez sa fiancée Ria van Toledo. Un message l'avertit de se trouver à dix-neuf heures, Koninginewеg, chez Lenglet. Avant de s'y rendre, il récupère, chez Cor Loos, les laissez-passer et les dépose chez sa fiancée avec une lettre lui recommandant de les faire disparaître. Il lui confie le mot de code qui lui permettra de connaître le succès de l'aventure. À l'heure dite, il sonne à la porte de Lenglet. Les trois autres «candidats» l'attendent.

Lenglet leur donne les dernières consignes: oublier son nom; survoler sa maison aussitôt après le décollage; lui faire savoir le plus rapidement possible par la BBC «radio orange» leur arrivée en Grande-Bretagne. Le code pour annoncer leur arrivée est suggéré par Beerlaerts: «Les quatre cigares étaient excellents.»

Les compagnons quittent leur hôte. Ils s'en vont deux par deux en tramway, vers Sparndammerdyk. Beerlaerts et Steen transportent le canot démonté. Ils sont silencieux, l'esprit envahi par l'angoisse des heures à venir. Des nuages bas s'amoncellent voilant la pleine lune. Quand ils se retrouvent au pont qui longe le bassin Minerva, il fait totalement nuit. En attendant minuit quinze, moment prévu pour rejoindre l'hydravion, ils s'installent sur le talus du pont d'où ils peuvent observer le bassin, tout en méditant sur les chances de succès de l'aventure qu'ils vont vivre ensemble, alors qu'ils se connaissent à peine. Il fait froid et cette longue attente entame leurs nerfs. La tension monte.

Beerlaerts revient d'une reconnaissance et signale avoir aperçu deux gardes. Mentalement, chacun des quatre hommes répète sa partition dans la pièce qu'ils vont jouer. Soudain, l'inquiétude les saisit: un bruit de pas se rapproche, la silhouette d'un homme apparaît. Lindeman se souvient brusquement du désarroi qu'il a ressenti quand le pilote Kappelmeyer lui a déclaré forfait et se demande avec angoisse si leur plan va à nouveau s'écrouler.

L'homme passe et ne semble pas voir les quatre ombres tapies sous le pont: mais va-t-il avertir les gardes allemands ?

Pris de panique, les compères se mettent à l'abri un peu plus loin dans une prairie, traînant avec eux le précieux canot que, dans un premier temps, ils avaient failli oublier.

Lindeman repasse dans son esprit les diverses manœuvres qu'il devra exécuter pour la mise en marche. Il doit également assister le pilote Steen dans les opérations de contrôle des éléments essentiels au fonctionnement des moteurs. Ils ont décidé de rejoindre l'hydravion à minuit quinze. Pour se réchauffer et se donner du courage, ils avalent une ou deux gorgées d'un précieux café fort préparé par Maryvonne, la fille de Lenglet.

Il est minuit. Ils commencent à gonfler le canot, la pompe fait un bruit sourd dans la nuit calme. Ce tapage insolite peut alerter un garde attentif. Une fois gonflé, le canot est amené sous le pont. À ce moment, une sirène hurle dans la direction d'Amsterdam annonçant une alerte aérienne. Durant quelques minutes, c'est l'incertitude. Steen, qui est allé en reconnaissance, revient annoncer que tout est en ordre.

Une voiture qui s'approche les force à se dissimuler une nouvelle fois sous le pont. La voiture s'arrête. L'inquiétude grandit, elle repart. Fausse alerte ! Ils respirent, secoués par ces imprévus qui éprouvent leurs nerfs et leur nouent l'estomac.

Ils descendent le talus, mettent le canot à l'eau et montent à bord. Steen et Beelaerts rament avec force. Lindeman et Boomsma examinent l'hydravion maintenant tout proche. Il semble en ordre de marche. Les hélices ont été remplacées, il y a deux jours, par de nouvelles à trois pales.

Lindeman, le premier, grimpe sur le flotteur. Il ouvre la porte d'accès, essayant de faire le moins de bruit possible, et il enlève les housses recouvrant les moteurs Mercury aux cylindres en étoile. Il constate avec satisfaction que les bougies inférieures sont en place. Il ne doit pas utiliser celles qu'il avait prises par précaution. Il repère avec soulagement que le réservoir à carburant est plein. Ceci était fait pour permettre la vérification de l'étanchéité de ce réservoir. On peut envisager une autonomie de vol d'au moins deux heures. Trois des évadés grimpent à bord de l'hydravion, tandis que Jan Beelaerts s'évertue à écoper l'eau qui a envahi le canot qu'il veut dégonfler et emporter à bord.

Le T8W est attaché par deux câbles à une bouée. Boomsma en détache un: il devra libérer le second aussitôt que le moteur droit sera en marche. Heureusement, la lune est à nouveau cachée derrière les nuages. Ils avaient prévu, par sécurité, la mise en marche des moteurs dans l'obscurité, tandis que le décollage devait se faire aux premières lueurs du jour. À bord, Steen est aux commandes, avec Lindeman à ses côtés, le renseignant sur les instruments, les paramètres du vol, le fonctionnement des manettes. La place de Jan Beelaerts est dans le nez de l'appareil, celle de Boomsma dans l'arrière de l'habitacle. Chacun est à son poste et Lindeman explique au pilote les moindres détails concernant la mise en marche des moteurs.

L'attente dans l'appareil dure près de trois heures. Un bateau des services de garde effectue une patrouille. Il passe près de l'hydravion. Les quatre compagnons se blotissent dans le fond de la carlingue. Les gardes ne remarquent rien d'anormal. Ils continuent leur ronde. Le vent est calme.

A six heures quinze, Steen décide qu'il est temps de faire démarrer les moteurs. Au même moment, une patrouille de surveillance de deux hydravions Arado de la Luftwaffe passe au-dessus du bassin et continue son chemin.

Contact au moteur droit. Il démarre, mais s'arrête. Deuxième essai, il se met en marche, avec un bruit infernal, en dégageant un nuage de fumée bleue. Boomsma descend sur le flotteur droit pour détacher le second câble d'amarre. Le moteur tourne trop vite, l'appareil pirouette autour de son point d'amarrage et c'est avec peine que Boomsma le détache. Le deuxième moteur part sans difficulté.

Steen demande à Beelaerts de vérifier de sa place le bon fonctionnement des volets de freinage, mais Beelaerts, officier de cavalerie dans un engin volant pour la première fois, ne sait pas de quoi on lui parle et croit qu'il s'agit des flotteurs qu'il regarde attentivement. Lindeman quitte sa place pour lui expliquer ce que sont les volets de freinage et quel est leur rôle. Tout fonctionne normalement: circuits électriques, pression d'huile, pas d'hélice, volets... Steen se dirige vers le canal d'Ymuiden. Un bateau de surveillance passe au bout du bassin, le pont est occupé par plusieurs gardes allemands. Personne ne semble s'intéresser à eux.

Le contrôle de l'hydravion sur l'eau est difficile pour le pilote, dont c'est la première expérience sur ce type d'appareil. Il zigzague en se dandinant sur l'eau du port. Lindeman conseille de pousser le manche à balai vers l'avant afin de donner plus d'adhérence aux flotteurs et de mieux diriger le T8W. La température des moteurs monte graduellement. Arrivé au canal, Steen décide de ne plus attendre. Il met vingt degrés de volets et ouvre les manettes des gaz à fond. L'hydravion prend lentement de la vitesse mais, le manche étant poussé vers

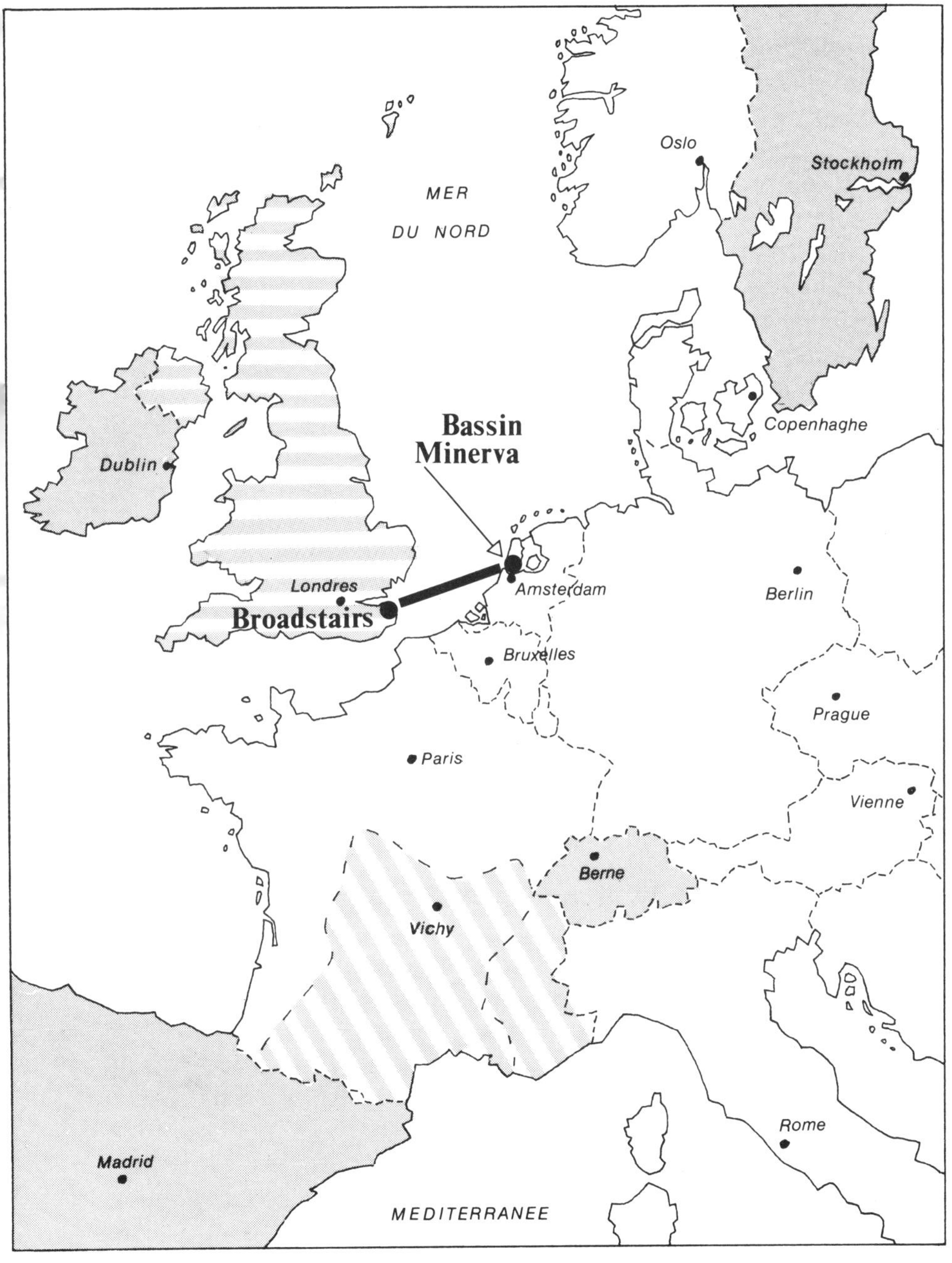

Europe de l'Ouest occupée par l'Allemagne nazie et l'Italie en 1941

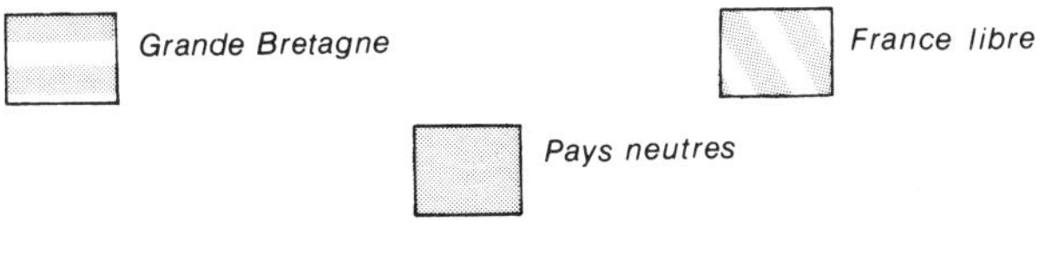

l'avant, des gerbes d'eau éclaboussent Beelaerts assis dans le nez de l'appareil. Steen s'inquiète, arrivera-t-il à décoller ? Le bout du canal est barré par le pont Hembrug. Parviendra-t-il à passer au-dessus ? Il tire graduellement le manche vers l'arrière, allégeant ainsi l'appareil qui, finalement, décolle ! Il était temps ! Le pont est survolé de cinq mètres à peine ! Ouf, la première phase est réussie !

Un « hourra » exprime enthousiasme et soulagement.

Virage à gauche, on survole à présent l'usine Fokker. Steen essaie de repérer la maison de Lenglet à l'Ouest d'Amsterdam. Il ne l'aperçoit pas et passe au-dessus du stade olympique. Il grimpe tout en veillant à rester en dessous des nuages et survole bientôt Haarlem. Enfin, il aperçoit la mer. Sur la côte, en survolant Zandvoort, Boomsma croit voir les éclairs d'un tir aérien dirigé vers eux. Le pilote décide de grimper dans les nuages. Il remarque alors que la boussole ne semble pas bien fonctionner. Heureusement, Beelaerts s'est muni d'une boussole de poche, il sera le navigateur. L'huile du moteur gauche dépasse la température normale et il faut réduire les gaz et redescendre. Steen se rend alors compte qu'il survole Scheveningen, ce qui est au sud de la route projetée. Il corrige le cap vers l'ouest et regrimpe dans les nuages épais. Heureusement, les instruments de bord fonctionnent normalement.

Après trente minutes de vol, Steen redescend jusqu'à cinq mètres au-dessus de la mer. Les nuages se dissipent peu à peu. D'après le soleil, il réalise qu'il vole cap plein sud. Il doit corriger sa trajectoire de quatre-vingt-dix degrés, sous peine de manquer l'Angleterre.

Quelques minutes encore et soudain, à l'horizon, apparaît la ligne blanche des falaises de Douvres. Sur la côte, des silhouettes gesticulent. Soudain des coups de feu éclatent. L'endroit n'est pas sain. Aux yeux des militaires britanniques, il ne peut s'agir que d'un avion ennemi qui les attaque à basse altitude. Pour nos quatre hommes, il serait dangereux d'attendre. Le pilote réduit les gaz et se présente pour amerrir, se plaçant dans le vent dont il peut juger la direction grâce aux vagues. C'est son premier amerrissage. L'appareil touche l'eau brutalement, sa vitesse est trop élevée. Il fait un bond et retombe dans une gerbe d'eau. Un des flotteurs heurte un obstacle, l'appareil pique du nez et s'arrête la queue dressée vers le ciel. Jan Beelaerts à l'avant dans la verrière en est pour sa peur. Les quatre évadés se précipitent dans la queue de l'hydravion qui se redresse sur ses flotteurs. Il navigue sur l'eau et tandis qu'il touche la grève, Boomsma armé d'un drapeau aux couleurs des Pays-Bas et d'un drap blanc les brandit de toutes ses forces, son buste sortant du hublot supérieur de l'appareil. Il crie aux soldats qui les tiennent en joue: «Ne tirez pas, nous sommes Néerlandais.» Ils sortent de l'appareil maintenant immobilisé sur la plage de Broadstairs, dans le Kent, et sont immédiatement entourés par les militaires.

Ils sont conduits sous bonne garde au camp où, suivant les bonnes traditions britanniques, on leur sert le petit déjeuner. Il est sept heures quarante-cinq. Ils ont couvert deux cent quarante kilomètres en une heure trente de vol. Leur joie d'avoir réussi est immense. Ils ne savent comment l'exprimer et chacun entre eux revit, avec émotion et enthousiasme, ces moments d'angoisse et d'incertitude.

Enfin retrouvée, la LIBERTE.

Les militaires les confient aux aviateurs de la RAF de l'aérodrome de Manston, près de Broadstairs où ils avaient amerri. Là, à nouveau, on leur sert un *breakfast* copieux, tout en leur posant mille questions sur leur aventure: le départ, le vol, les performances du TW8. Ils ont peine à répondre, car ils connaissent si peu cet appareil. Ensuite, des policiers les prennent en charge. Avant de les conduire à Londres, à bord d'une camionnette poussive, ils passent par le commissariat où, pour la troisième fois en quelques heures, l'hospitalité généreuse des Britanniques ne fait pas défaut.

Lorsqu'ils arrivent à Londres, à *Patriotic School*, ce lieu de rassemblement de tous les évadés, on les traite avec méfiance. On leur pose une question directe concernant d'autres aviateurs néerlandais évadés eux aussi et arrivés en Grande-Bretagne la veille. Ils répondent avec une ironique assurance et citent les noms de Piet Vos et de Hidde Leegstra. Les deux évasions se sont donc terminées le même mardi, 6 mai 1941, à *Patriotic School*.

Ensemble dans l'ivresse de la réussite, ces hommes évoquent les péripéties de leur aventure respective. Jan Beelaerts van Blokland est impatient de pouvoir faire rapport à la reine des Pays-Bas et au prince Bernhard sur la situation dans le pays. Il devra attendre cinq jours pour les rencontrer. Ensuite, il connaîtra, tout comme ses compagnons d'évasion, d'autres aventures de guerre.

La radio BBC, émission Orange, diffuse le mot code: «Les quatre cigares étaient excellents.»

William LENGLET, nom de plume Édouard de Nève, né en 1889, résistant de la première heure, était un agent de renseignement pour le Deuxième Bureau français, durant la guerre 1914-1918.

Il organisa, en 1940, une ligne d'évasion qui permit à treize pilotes de rejoindre la Grande-Bretagne. Il fut un membre actif de la Résistance néerlandaise.

Arrêté par la Gestapo, il fut envoyé au camp d'extermination de Sacksenhausen. Il en revint en 1945. Il mourut en 1961, à l'âge de soixante et onze ans.

Piet VOS, après son arrivée en Grande-Bretagne, rejoint la RAF et suit un entraînement de pilote. En 1943, il rencontre Mike Donnet, alors commandant de la 64e escadrille de la RAF et, ensemble, ils ont l'occasion d'évoquer leurs expériences respectives.

Il est nommé inspecteur de la *Koninglijke Luchtmacht* et, en 1945, reprend ses anciennes fonctions de directeur technique chez Fokker. Il meurt le 23 février 1953.

Govert STEEN, incorporé à la RAF comme pilote, rejoint le 129 *Squadron* après son entraînement. Il est descendu en combat aérien au-dessus de Coteville (Nord de la France), le 5 juin 1942.

Jonkheer Jan BEELAERTS van BLOKLAND reprit du service dans les Forces néerlandaises de Grande-Bretagne. Il fut incorporé à l'escadron blindé de la Brigade Irène avec laquelle il participa à la campagne de Normandie à partir du 8 août 1944. Originaire de la région d'Arnhem où se trouvait la propriété de famille, il fut désigné comme conseiller au Grand

Quartier général allié durant l'opération aéroportée sur les ponts du Rhin.

Il occupa ensuite diverses fonctions importantes dans les Quartiers généraux nationaux et internationaux, de même que la fonction d'attaché de la Défense près de l'Ambassade des Pays-Bas à Bruxelles.

Il a pris sa retraite comme Général de Brigade et est Commandant en Chef du Régiment des Hussards.

Evert BOOMSMA reprit du service à la *Koninglijke Luchtmacht*, comme mécanicien à la 320 *Squadron* néerlandaise de la RAF équipée de bi-moteurs de bombardement du type Mitchell.

Ayant épousé une Anglaise, il se retira au Pays de Galles au moment de sa retraite en 1969.

Tout comme Boomsma, **Weybert LINDEMAN** s'engagea comme sous-officier mécanicien à la 320 *Squadron* de la RAF. Il fit carrière dans la *Koninglijke Luchtmacht*. En 1945, il retrouva sa fiancée Ria van Toledo qui l'attendait et l'épousa le 24 janvier 1946.

En mai 1948, il retourna travailler chez Fokker, d'où il prit sa retraite en 1973.

VII

Eggs and bacon au petit déjeuner

21 juin 1941

Tout comme les Pays-Bas, le Danemark était un pays privilégié n'ayant pas connu l'occupation durant la guerre 1914-1918.

Ce pays, féru de liberté, affichant une grande indépendance et une certaine insouciance, espérait échapper au conflit déclenché en Europe, en 1939, par l'Allemagne d'Hitler.

C'était ignorer les convoitises des Allemands, très désireux de s'annexer un pays riche en produits alimentaires et possédant des chantiers navals actifs et organisés.

Ils visaient surtout les ports du Danemark, dont la possession leur donnerait accès à une mer libre, où sillonneraient les navires de la flotte de guerre, basée dans les ports de la Baltique. Sans avertissement, le matin du 9 avril 1940, le Danemark est envahi par les forces allemandes. Hitler propose au roi Christian de travailler en étroite collaboration avec lui, pour réaliser la «Grande Allemagne».

Malgré le refus du Roi, le gouvernement donne ordre aux Forces danoises de ne pas résister et d'accepter la présence des Forces allemandes sur le territoire national. Dans un premier temps, les Allemands tolèrent que les Forces nationales soient maintenues en activité et que la police continue à assurer l'ordre, pour autant qu'il y ait accord avec l'occupant.

Cette situation ne dure guère, car le parti de Quisling, à la solde des nazis, est battu lors d'élections libres, organisées peu de temps après l'occupation. Les Allemands décident alors de licencier les militaires des trois armes et de les renvoyer dans leurs foyers.

Le Roi reste sur le trône et le gouvernement est maintenu. L'un et l'autre conservent leur rôle et leur autorité, toujours sous la surveillance allemande. Malgré leur espoir de susciter une entente avec les Danois, les Allemands se rendent à l'évidence: ils ne sont ni acceptés ni suivis par les habitants.

Thomas Sneum a vingt-trois ans en 1940. Il est pilote dans une unité de l'aéronavale basée dans le Sud de l'île de Seeland. Il refuse la présence des Allemands et projette de partir le plus rapidement possible, avec plusieurs de ses amis, à bord de biplans Hawker Nimrod, vers le Sud de la Suède. De là, ils gagneraient la Norvège, qui s'oppose par les armes à l'invasion teutone. Le commandant d'escadrille n'approuve pas cette initiative. On ne peut déroger aux ordres du Roi.

Le 14 avril, Sneum démissionne après une altercation avec ses supérieurs, auxquels il reproche leur trop grande tolérance à l'égard de l'occupant. Il retourne chez son père dans l'île de Fano, le long de la côte ouest du Jutland. Son père a toujours détesté les Allemands, auxquels il ne pardonne pas l'invasion du Jutland en 1864.

Thomas essaie de soudoyer des pêcheurs pour leur acheter une barque lui permettant, à lui et à ses deux amis, de rallier l'Angleterre. Mais ses tentatives échouent.

Sneum demeure aux aguets, il est curieux de nature et parvient à s'approcher d'une station radar ennemie, érigée sur l'île de Fano. Il en exécute un croquis, qu'il emmène lui-même en Suède et qu'il dépose dans les mains de l'attaché naval britannique à Stockholm. Les Britanniques sont émerveillés par ce cadeau et suggèrent à Sneum de continuer à leur fournir des renseignements sur l'activité des forces allemandes stationnées au Danemark, ainsi que sur leurs installations militaires. Ils lui donnent un appareil photographique Leica et une caméra afin de faciliter sa mission. En quelques mois, Sneum parviendra à réaliser plus de huit cents photographies sur le sujet demandé.

Les Britanniques lui avaient promis d'envoyer de nuit un hydravion Sunderland qui viendrait amerrir sur l'un des lacs de Seeland, afin d'emmener en Angleterre un groupe de vingt résistants recrutés par Sneum. La promesse tardait à se réaliser, l'attente devenait longue et bientôt Sneum cessa d'espérer. Il se rend au ministère de l'Aviation civile et répertorie les vingt-cinq avions de tourisme encore basés au Danemark.

Au début de juin 1941, un ami de l'aéronavale, Keeld Petersen, avec lequel il avait projeté de s'évader en avril 1940, vient lui annoncer qu'il a découvert un avion de Havilland Hornet Moth à Odense, au centre de l'île de Fionie. Petersen, qui a été enrôlé dans la police, se dit prêt à participer à l'aventure et à s'évader, lui aussi, vers l'Angleterre.

L'avion appartient à un propriétaire terrien, Anderson, dont la ferme s'appelle Elsesminde. Anderson cultive les champs des environs de la ville et se spécialise également dans les produits laitiers. Il est aussi commissaire aux courses à l'hippodrome d'Odense. C'est là que Sneum va le trouver pour lui proposer d'acheter son Hornet Moth. « Mais il n'est pas à vendre », réplique le propriétaire stupéfait. « De plus, il est complètement démonté et j'ai dû le ramener de Karstrup par camion, le 9 avril 1940, sur ordre des Allemands ». Sneum, quelque peu décontenancé, fait comprendre à son interlocuteur que c'est pour tenter de rejoindre l'Angleterre qu'il désire acheter l'avion. Le visage d'Anderson s'éclaire et il lui réplique, avec le sourire: « Dans ce cas, il est à vous. »

Sneum et Peterson se mettent à l'ouvrage. L'appareil est complet, mais l'empennage, qui a subi des réparations après un accident, ne se trouve pas dans le hangar en tôle ondulée, mais bien dans la cuisine du propriétaire. L'assemblage se fait sans trop de problèmes, bien qu'il ait fallu faire fabriquer des boulons en acier; les boulons d'origine ayant disparu dans le déménagement. Par le représentant de Havilland à Copenhague, les deux amis obtiennent les notices techniques et les fiches des caractéristiques du Hornet Moth. Ils font appel à deux anciens mécaniciens de leur escadrille pour effectuer une révision du moteur et de ses accessoires, ainsi que la vérification des magnetos et une vidange d'huile.

Comme pour chacune des évasions relatées ici, les plus grandes précautions sont de rigueur. Les préparatifs doivent se faire de nuit et dans le secret le plus absolu. Des Allemands patrouillent le long des routes où circulent aussi des passants.

Il est donc impératif de ne pas les intriguer par des bruits insolites ou par des rais de lumière filtrant à travers le hangar.

La nécessité de cette prudence ne facilite pas le travail, qui se réalise petit à petit. Les haubans des ailes sont remontés et les ailes du biplan sont fixées au fuselage dans la position repliée, afin de permettre de sortir l'appareil du hangar. Après quoi, elles seront placées définitivement.

Le carburant est un des problèmes majeurs. Si la quantité nécessaire est disponible dans des fûts stockés dans le hangar, le fait est que cette essence est dans ces fûts depuis plusieurs mois. Il y a donc un danger de gommage. De plus, il faudra hisser à bord ce précieux liquide. Les réservoirs permettent un trajet de trois cent trente miles, alors qu'il faut prévoir le double pour arriver en Grande-Bretagne. Une réserve de vingt-cinq bidons de cinq litres est indispensable. Il faudra pouvoir le transvaser dans le réservoir principal en cours de vol. Ne trouvant pas de bidon, on doit se résoudre à les faire fabriquer à Copenhague, ce qui prend quelques jours. Ils sont ramenés dans la capitale danoise emballés dans de vieux journaux.

Chaque jour, après le travail, ils font faire quelques tours d'hélice au moteur afin que l'huile circule et que les soupapes soient dégommées. Enfin, le 10 juin, l'avion est en état de prendre l'air.

Depuis l'île de Fano où il habite, le jeune frère de Sneum signale que les conditions météorologiques sont bonnes. Le départ est initialement prévu pour la nuit du vendredi 20 juin 1941, mais des incidents de dernière minute les empêchent d'être prêts à vingt-trois heures, heure prévue. Le départ est reporté au lendemain, samedi 21 juin.

Heureuse coïncidence, car la veille au soir, les Allemands avaient organisé un exercice à la tombée du jour et n'auraient pas manqué d'apercevoir l'avion sortant du hangar, non loin de la route.

Samedi, onze heures du soir: le temps est au beau fixe, le vent calme. Sneum et Peterson cachent à bord de l'avion les précieuses photos, prises à l'aide du Leica, ainsi que le dossier contenant les renseignements récoltés sur les défenses allemandes. Les bidons d'essence de réserve et le tuyau de transvasement sont également disposés dans l'habitacle. Ils emmènent aussi une hache pour leur permettre de détacher les ailes destinées à servir de radeau, en cas d'amerrissage forcé. Ils embarquent enfin quelques bouteilles d'eau, des biscuits et un manche à balai sur lequel est fixé un drap blanc. Ils mettent leur gilet de sauvetage et ouvrent la porte du hangar.

Anderson, venu assister aux derniers préparatifs, est maintenant parti avec sa famille au restaurant, afin de se constituer un alibi au cas où il serait interrogé.

Les deux futurs évadés ont travaillé toute la semaine sur l'appareil, sans remarquer que les montants des portes ne laisseraient pas passer l'avion. Le hangar avait été construit pour un Kleinn, avion moins large que le Hornet Moth. Ils doivent donc démonter les ailes, mais le temps leur manque pour les remonter avant la nuit, d'autant plus que l'heure du décollage coïncide avec le passage d'un train express, dont la voie se situe à l'extrémité du terrain. Le bruit du train est supposé couvrir le vacarme du moteur au décollage.

Le hangar est solidement construit, impossible de faire tomber les piliers de malheur. Et cependant, le Hornet Moth *doit* sortir de son abri. Les aviateurs enlèvent leur gilet de sauvetage et, à force de tirer, de pousser, de tourner, petit à petit, ils arrivent à faire passer un morceau de l'aile, puis un autre, finalement toute l'aile et enfin la seconde. L'avion est sorti de son hangar: la toile du bord d'attaque est arrachée à certains endroits mais tiendra bien le temps d'une traversée de quelques heures. À présent, l'avion sorti, il faut fixer les ailes et les régler au mieux, en espérant que les boulons de remplacement tiennent le coup.

Sneum monte à bord de l'avion par la porte de gauche. Il s'installe au poste de pilotage, essaie les gouvernes: elles répondent bien, de même que les ailerons, les gouvernes de profondeur et la dérive. Peterson met la main à l'hélice. Il effectue quatre à cinq décompressions. «Contact», lui crie Sneum. Il lance l'hélice et le moteur part du premier coup, dans un bruit assourdissant qui doit être perceptible jusqu'aux baraques où logent les Allemands tout autour des champs d'Anderson. Dans la pénombre, l'avion sillonne maintenant les cultures de navets. Peterson, muni de son pistolet, court à côté de l'appareil et guide la manœuvre. Il s'assure que rien ne surgit sur

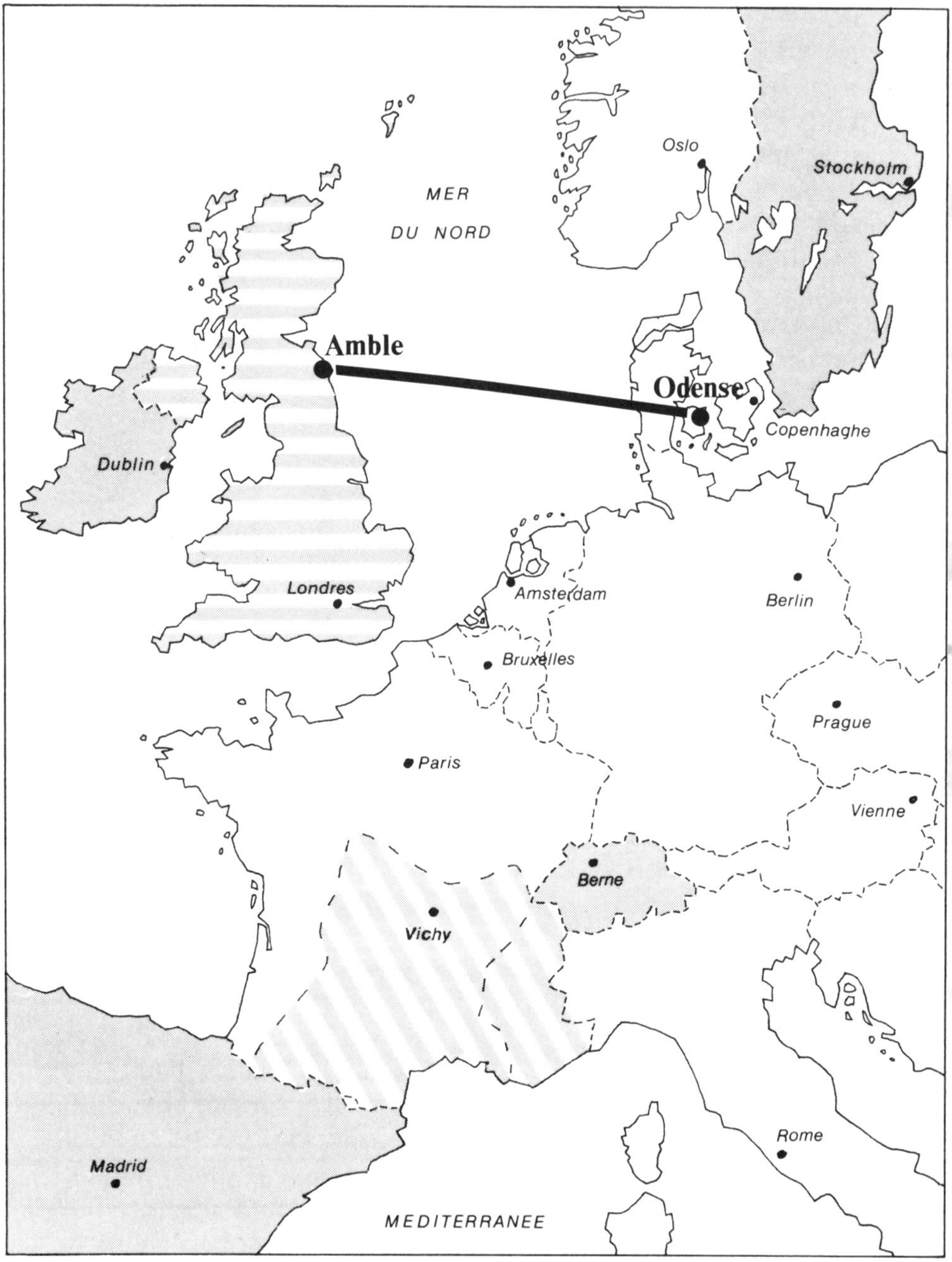

Europe de l'Ouest occupée par l'Allemagne nazie et l'Italie en 1941

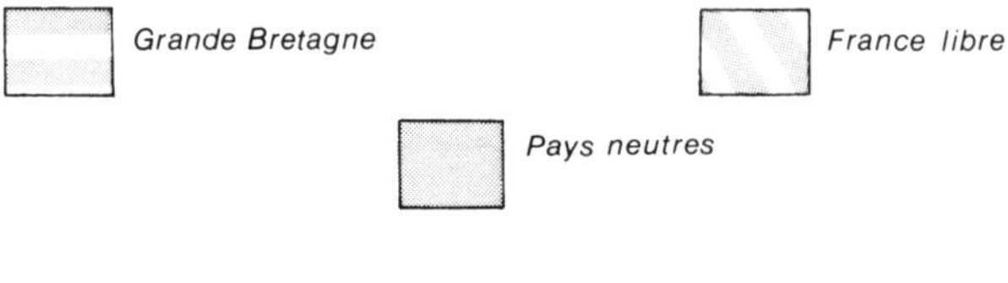

leur route. Après les navets, l'avion traverse un champ d'orge et atteint enfin la prairie, d'où il doit décoller. Peterson saute dans l'avion.

La prairie descend en pente douce vers la voie de chemin de fer au-delà de laquelle court une ligne à haute tension. Sneum ouvre les gaz à fond, tandis qu'un train se rapproche à sa droite. L'avion prend de la vitesse. Le pilote tire sur le manche, l'avion fait un bond, mais, trop lourdement chargé, il retombe sur ses roues. Cependant, le train continue sa route qui va bientôt couper celle de l'avion. La pente douce aurait dû permettre à l'avion de survoler à bonne hauteur les câbles à haute tension, alors qu'à présent, il se dirige à toute vitesse vers le convoi de chemin de fer.

A quelques mètres du bout du pré, Sneum parvient enfin à arracher du sol le Hornet Moth. Il passe de justesse au-dessus de la locomotive dont le machiniste le regarde, terrorisé, mais il est trop bas pour passer au-dessus des câbles. Il pousse le manche en avant et parvient *in extremis* à se glisser en-dessous ! Les deux aviateurs poussent un soupir de soulagement. Ils sont pâles. La tension est extrême tout au long du décollage. Enfin, l'avion vole et même il vole bien, quoique avec une tendance à pencher vers la gauche. Il se dirige cap vers l'ouest, en prenant de l'altitude jusqu'à cinq mille pieds (mille cinq cents mètres).

A son grand étonnement et à son immense soulagement, Sneum se rend compte qu'il n'a rien perdu de son aptitude à piloter, bien qu'il n'ait plus volé depuis un an.

En passant au-dessus de l'île de Fano, l'appareil est la cible de l'artillerie anti-aérienne allemande, qui tire sans l'atteindre. Sneum remarque avec ironie qu'il avait précisément relevé la position des pièces et les avait signalées aux Britanniques.

Le temps s'assombrit et, durant une heure et quart, le vol se poursuivit dans de lourds nuages gris. Les deux évadés réalisent enfin la valeur de leur exploit: arracher l'avion aux Allemands et s'ouvrir la voie de la liberté. Cependant, ils n'ont encore effectué qu'un tiers à peine du trajet, ils survolent la mer et ont encore à surmonter beaucoup d'imprévus.

Le premier qui se présente est préoccupant. La pression

d'huile est descendue à zéro au lieu de 3.50. Ils sont toujours dans les nuages et le temps est froid. Le pilote réduit les gaz et descend en plané. Le moteur ne tire plus et l'hélice continue à tourner. Sneum envisage un amerrissage forcé et cherche son gilet de sauvetage. Il se rappelle l'avoir enlevé pour sortir l'avion au hangar. La hache pour sectionner les ailes du fuselage est heureusement en place dans l'habitacle. L'appareil continue toujours à descendre dans les nuages: trois mille pieds (mille mètres), mille cinq cents pieds (cinq cents mètres) et trois cents pieds (cent mètres). La mer est toute proche et le moteur ne veut toujours pas fonctionner. Le pilote décide de pousser la manette à fond vers l'avant: le moteur repart et se remet à tourner comme au début du vol, régulièrement, avec un bruit sympathique et rassurant. On remonte à mille cinq cents pieds. Sans doute, le carburateur a-t-il été givré, à moins que des fragments de glace dans l'essence aient obstrué l'arrivée du carburateur.

Après trois heures de vol, le moment est venu d'envisager l'opération délicate du transfert de la réserve d'essence dans le réservoir principal. Peterson prend les commandes de l'appareil, tandis que son compagnon, debout dans la carlingue, s'évertue à ouvrir la porte que le vent repousse avec force. Il doit réduire les gaz. Sneum, un pied sur l'aile et l'autre à l'intérieur, parvient péniblement à dévisser le bouchon du réservoir et à y introduire l'embout du tuyau de caoutchouc qui doit servir au transvasement. À l'aide d'un entonnoir muni d'une peau de chamois, il transfère l'essence des bidons dans le réservoir principal. L'opération dure une heure, qui lui semble une éternité. Les vapeurs d'essence remplissent l'habitacle et incommodent les aviateurs. Les nuages maintenant se dissipent et finissent par disparaître. Dans le ciel de l'aube naissante, ils aperçoivent l'étoile polaire. Elle leur confirme qu'ils suivent le bon cap.

Dans la mer grise du matin, ils croient discerner une côte battue par les vagues, et survolent une série d'îles.

Soudain, des chasseurs Hurricane arborant des cocardes les encadrent. Ce sont des avions d'un pays allié. Ils exultent de joie. Debout dans la cabine, Peterson brandit par un orifice du toit le manche à balai sur lequel est attaché un drap blanc.

Bien que l'avion ait une immatriculation civile OYDOK et que le drapeau danois soit peint sur les ailes et le fuselage, il pourrait être pris pour un appareil ennemi et abattu au-dessus de l'Angleterre; mais les chasseurs se contentent de tourner autour du Hornet Moth en balançant les ailes en signe de salut. Sneum cherche à atterrir. Il vole depuis plus de six heures et le niveau de carburant est bas. Il trouve un champ et survole ce qu'il croit être un camp militaire. Il aperçoit une prairie, mais elle est parsemée d'innombrables moutons. Il remet les gaz, passe au-dessus d'une ligne de téléphone et se pose enfin dans un pré, au-delà de la route. Les deux hommes ont comme premier souci de revêtir l'uniforme de l'aéronavale danoise, qu'ils ont emporté avec eux.

Au fermier qui vient vers eux, ils demandent: «Sommes-nous en Angleterre ?». «Bien sûr, est la réponse, vous êtes ici à la *Gloucester Hill Farm*, près de Amble-Northumberland.»

On est le 22 juin 1941.

Ils prennent le petit déjeuner à la station RAF d'Acklinston et, le soir, ils sont conduits à un restaurant près de Morpeth. Pendant le repas, ils entendent Winston Churchill annoncer sur les ondes de la BBC l'invasion de la Russie par les forces militaires allemandes. L'opération Barberousse est déclenchée. Ensuite, les policiers chargés de les escorter les emmènent à Londres par l'express de nuit, le *Flying Scottman*. Le lendemain matin, ils arrivent à *Patriotic School*, où ils resteront cinq jours. À la question: «Voulez-vous retourner au Danemark pour y effectuer des opérations clandestines ?», Sneum répond affirmativement. Il sera envoyé en mission en 1942. Peterson, quant à lui, s'engage dans la *Royal Air Force*, comme pilote.

Anderson, le propriétaire de l'avion, était au restaurant avec sa famille au moment de l'envol. Dans la matinée, il téléphone aux Allemands qui contrôlent la région pour leur signaler la disparition de son avion. Il est interrogé, mais on le relâche tout en le surveillant étroitement. Il ne sera plus inquiété. Les Allemands ont probablement cru que l'avion avait été volé par le pilote de la Luftwaffe qui, curieux hasard, avait déserté ce même 21 juin 1941...

VIII

La liberté volée

Léon Divoy et Mike Donnet se sont connus en 1938 à l'école de pilotage de Wevelghem, près de Courtrai. Cette période avait permis aux deux candidats officiers de se découvrir une passion identique pour l'aviation.

La situation politique internationale et les menaces de guerre, en 1939, leur ouvraient une carrière active pour défendre leur pays et prendre part à la sauvegarde de la neutralité armée pour laquelle le roi Léopold III et le gouvernement belge avaient opté en 1937, alors que l'Allemagne d'Hitler et l'Italie de Mussolini avaient violé les accords de Locarno.

Ardents patriotes, Divoy et Donnet espéraient être des aviateurs qualifiés pour jouer leur rôle dans un conflit, si celui-ci se déclarait dans un proche avenir.

Le 26 mars 1939, ils sortent de l'école de pilotage brevetés pilotes militaires. Léon Divoy part à Tirlemont, pour prendre sa place au sein de la 3e escadrille d'observation du 1er régiment d'aéronautique. L'escadrille est équipée de Fairey Fox, biplan de reconnaissance.

Mike Donnet est désigné pour la 9e escadrille d'observation du 1er régiment, basée à Bierset, près de Liège. Cette unité est chargée d'effectuer une panoplie de missions au profit de l'armée: les reconnaissances, les réglages d'artillerie, les attaques au sol. Elle est affectée, en cas de guerre, au corps de cavalerie et doit intervenir aux premières heures d'un conflit.

L'équipement de l'escadrille consiste en Renard 31, un monoplan à aile haute, équipé d'un moteur Rolls Royce Kestiel de cinq cent cinquante chevaux. La vitesse maximum de cet avion, qui a été conçu en 1931, est de deux cent quatre-vingt kilomètres à l'heure. Mais, malgré ce matériel désuet, le moral de l'escadrille est excellent. Chacun vit dans l'attente d'une modernisation du matériel et il est prévu que la 9e escadrille de Bierset reçoive le Breguet 690, bimoteur français d'assaut.

Le 10 mai 1940, l'escadrille possède toujours douze vieux coucous. Elle participe activement à la campagne de Belgique, effectuant un grand nombre de missions périlleuses dans un ciel constellé de Messerschmitt 109, de Dornier 215, de Junker 88, de Heinkel 111.

Il reste encore quatre avions, le 28 mai, quand la capitulation de l'armée belge est annoncée. Ces appareils seront sabotés sur ordre des autorités belges, afin d'empêcher les pilotes de les utiliser pour rejoindre les forces combattantes en France ou en Angleterre.

Mike Donnet est fait prisonnier à Liège, le 1er juin 1940. Il reste captif en Allemagne durant sept mois.

Les premiers jours de guerre, les avions de l'escadrille de Léon Divoy sont détruits par les bombardiers allemands. Le personnel est évacué en France, où un équipement en avions neufs est au programme. Celui-ci n'aura jamais lieu.

Après l'armistice français, ce personnel est ramené en Belgique et rendu à la vie civile. Léon Divoy retrouve sa fiancée Lily et se marie. Mais, il ronge son frein et se sent opprimé dans une Belgique occupée et privée de liberté.

Le 10 janvier 1941, Mike Donnet est libéré. En effet, les Allemands relâchent les élèves-officiers des écoles militaires pour leur permettre de rejoindre les universités.

Donnet quitte les camps de prisonniers pour rentrer dans un pays soumis aux contraintes de l'occupant. Absent depuis juin 1940, il n'aura pas connu la lente évolution de la situation en Belgique et souffre de retrouver Bruxelles occupée par des forces armées ennemies. Elles sont partout, elles contrôlent tout. Les moindres détails de la vie quotidienne sont soumis à des règles sévères. Plus de possibilités de circuler librement et le couvre-feu interdit à chacun de sortir entre vingt-deux heures et six heures du matin, en hiver.

Malgré la vie morose et triste, les Belges gardent le moral et si, en juin 1940, un certain nombre supputait une victoire des Allemands, en 1941, ils se mettent à envisager leur défaite. La guerre est loin d'être finie et Mike sait qu'il y a encore un grand besoin de pilotes. Il veut rejoindre ses amis qui, en 1940, sont partis en France, malgré les interdictions, les menaces et les condamnations pour désertion. Il sait que de Hemptinne, le Roy du Vivier, Offenberg, Malengrau, de Spirlet... sont pilotes dans la RAF et ont participé à la glorieuse phalange des vainqueurs de la Bataille d'Angleterre.

«Je partirai aussitôt que j'aurai trouvé le bon filon», a dit Donnet à son père.

Mais la question du filon n'est pas simple. Il faut trouver des gens crédibles, proposant un plan sérieux et réalisable. Il est bien question de lignes d'évasion, mais des renseignements récents font savoir que certains amis, partis depuis deux ou trois mois, sont bloqués dans le Sud de la France et attendent toujours de trouver un passeur valable pour les conduire jusqu'au Portugal.

«Les filières qui permettent de rejoindre l'Angleterre existent, mais il est difficile de repérer celles dignes de foi»; c'est ce qu'explique Robert Voss à son ami Mike, lorqu'ils se retrouvent, en janvier 1941, à Bruxelles.

De son côté, Léon Divoy est rentré de France en automne 1940. Début 1941, il souhaite lui aussi rallier l'Angleterre et combattre.

Une rencontre entre Divoy et Donnet a lieu chez Robert Voss, ce qui permet aux deux pilotes de faire le point et d'ébaucher ensemble un plan de départ. Léon Divoy entrevoit la possibilité de construire un avion autour d'un moteur Gnôme et Rhone qu'il possède. Le plan est audacieux et le danger de partir pour l'Angleterre à bord d'un prototype, lors du premier vol de l'avion, ne semble pas réalisable aux yeux de Mike Donnet.

Les deux amis se revoient à plusieurs reprises en février et en mars 1941. Au mois d'avril, ils se donnent rendez-vous dans une taverne du bas de la ville, le *Gargantua* (actuellement, le *Falstaff*), afin de faire le point. Toujours à la recherche d'une hélice pour son projet d'avion, Divoy a rencontré, par hasard, un ami commun, Élie d'Ursel, ancien pilote d'une escadrille de chasse, qui lui a lancé comme une boutade: «Si tu cherches une hélice, il y en a une sur l'avion de mon cousin Thierry d'Huart.» Il s'écrie brusquement: «Et pourquoi ne pas prendre tout l'avion, s'il est encore là ?».

Il rapporte ces propos à Donnet. Pour ce dernier, cette nouvelle fait jaillir l'étincelle. «J'irai voir demain», conclut-il en quittant son ami. Et le lendemain, jeudi 10 avril, en compagnie de son frère Marc et de deux amis, les frères Valcke, il part en reconnaissance vers le lieu où est supposé se cacher «l'engin miracle» grâce auquel une évasion par air deviendrait possible.

A bicyclette à travers la forêt de Soignes, le groupe arrive à Notre-Dame-de-Bonne-Odeur, pour y découvrir non pas une propriété abandonnée et un château désert, mais bien une unité allemande de garde et un dépôt de munitions installés le long de la chaussée de Mont-Saint-Jean. L'état-major occupe le château et les soldats de la Luftwaffe logent dans toutes les maisons réquisitionnées autour de la propriété.

C'est un coup dur et le projet semble s'évanouir. À moins que... ! Le long des champs passe un chemin de terre qui suit les limites du domaine. Dans une haie, les quatre jeunes découvrent un passage donnant accès à l'intérieur du parc. Accompagné de son jeune frère, Donnet y pénètre, tandis que les frères Valcke font le guet sur le chemin. En longeant la clôture d'un pré, ils arrivent à un hangar abandonné. Par le trou de la serrure, Marc Donnet aperçoit un avion blanc qui lui semble complet. L'appareil est donc bien à leur portée ! Leur retraite a lieu sans histoire, bien que le hangar ne soit qu'à quatre cents mètres du château.

La nouvelle de la trouvaille sensationnelle est transmise le soir même à Léon Divoy. Un plan s'échafaude pour se procurer les clés ouvrant le hangar. Mike en a compté trois: deux pour les cadenas et une pour la porte.

Une reconnaissance s'impose et, le samedi suivant, à la tombée de la nuit, Mike et son frère Marc se rendent sur place et, dissimulé sous un imperméable que tient son jeune frère, Mike, à l'aide de plaquettes métalliques recouvertes de mastic, relève les empreintes des serrures à la lumière d'une lampe de poche.

Le lendemain, dimanche 13 avril, Léon Divoy et Mike Donnet se retrouvent dans un bistrot de Stockel et les empreintes des clés sont remises à Léon qui se fait fort de les confectionner au plus tôt. Il se procure un stock de clés brutes et les façonne suivant les modèles reçus. Deux jours plus tard, elles sont prêtes. Un coup de téléphone est passé à Mike Donnet et ils conviennent de se retrouver le soir même au pont de Woluwé et d'aller ensemble essayer les clés. À bicyclette, ils arrivent au hangar à la tombée de la nuit. Les clés sont trop épaisses. Divoy, qui vient au hangar pour la première fois, est surpris de découvrir l'endroit et surtout la proximité des Allemands, dont on perçoit les conversations. Il constate le défaut des clés. Elles doivent être fignolées et limées pour fonctionner. Divoy s'acquitte de cette tâche dès le lendemain.

Donnet a trouvé dans son grenier un document qui décrit les caractéristiques de l'SV 4bis, cet avion qu'il espère « emprunter ». Son autonomie de vol est de trois heures vingt minutes, à la vitesse de croisière de cent quatre-vingts kilomètres à l'heure, ce qui devrait permettre d'atteindre l'Angleterre.

Le 17 avril, les nouvelles clés prêtes, les deux amis reprennent le chemin du hangar où ils arrivent au crépuscule. Divoy parvient à ouvrir les cadenas de la porte et de la grille. Reste la serrure de la grande porte, qui semble plus sophistiquée et pour laquelle un ajustement à la lime est nécessaire. Enfin, la clé tourne dans la serrure ! Divoy va annoncer la bonne nouvelle à Donnet, qui faisait le guet derrière un buisson.

A deux, ils retournent devant le hangar. Léon, non sans bruit, fait glisser la porte sur ses rails et tous deux courent se dissimuler, craignant une réaction éventuelle des Allemands. Vont-ils voir un groupe de sentinelles arriver en courant, alerté par un système de sécurité ? Rien ne se produit et, après dix minutes d'attente, des minutes qui semblent des siècles, les deux aviateurs retournent au hangar et y pénètrent. Ils ferment la porte et admirent l'objet de leur rêve. L'avion est bien là, peint en blanc, arborant la cocarde belge sur les deux côtés du fuselage et sur les ailes supérieures et inférieures. Il est complet mais en piteux état: pneus dégonflés, de l'eau sur les sièges, de la poussière partout sur les plans. Il y a de l'huile, mais pas d'essence et surtout, surprise désagréable et inattendue, plus d'instruments de bord !

Mike fait fonctionner les gouvernes. Les câbles sont quelque peu rouillés. Ils grincent. «Arrête», dit Divoy, qui craint que le bruit ne soit entendu dehors.

Au retour, ils discutent des problèmes à résoudre en priorité.

«Je m'occupe des instruments, déclare Divoy, et toi, Mike, tu dois trouver l'essence». Il s'agit de cent litres de carburant et, si possible, de l'essence d'aviation.

Divoy se met au travail. Il fabrique les cadres en triplex qui doivent supporter les instruments. Les dimensions ont été prises sur l'avion. Ils ne seront mis en place qu'au dernier moment, car une des conditions de la réussite est de donner l'impression que rien ne bouge dans le hangar et que personne n'y pénètre.

Avec un ami pharmacien, Léon bricole dans des tubes de verre des clignomètres et des indicateurs d'inclinaison. Ces tubes, remplis d'un liquide rouge, doivent permettre de vérifier le comportement de l'avion sur les trois axes. Enfin, Divoy déniche un indicateur de pression d'huile, qui sera mis en place au bout du tuyau déconnecté.

Il est plus difficile de se procurer des boussoles. La première qu'il trouve vient d'une voiture automobile et servira à la place avant. Divoy découvrira la seconde, destinée à la navigation, dans un magasin du port d'Anvers.

La prochaine inspection de l'appareil est fixée au 25 avril. Une fois de plus, Divoy et Donnet se glissent comme des voleurs le long de la haie et pénètrent dans le hangar munis de leur matériel. «Leur» avion est toujours là.

Ils prélèvent un échantillon d'huile, rectifient les tuyauteries, vérifient les attaches, ainsi que le gabarit des planches à instruments. En voulant remettre le bouchon d'huile du réservoir, Mike Donnet fait un faux mouvement et l'huile s'échappe et forme une grosse tâche noire et poisseuse sur le sol. Divoy enlève sa chemise et éponge la tâche. Ensuite, les deux amis recouvrent l'endroit de poussière. Il n'y a plus de plaque d'huile, mais plus de chemise non plus !

Au domicile de Divoy, les instruments sont mis en place

sur les deux tableaux de bord. Il y a même rivé le réveil reçu à sa première communion. «Cela donne un aspect fini», a-t-il déclaré.

Quant à Donnet, il est toujours préoccupé par la question de l'essence. Le réservoir peut contenir quatre-vingts litres. Il doit donc se procurer cent litres pour avoir une marge de sécurité et pouvoir effectuer des essais moteur avant l'envol. Mais le carburant est rare et strictement rationné. Peu de véhicules circulent et les pompes encore approvisionnées ne délivrent de l'essence qu'aux véhicules prioritaires, contre tickets fournis par les Allemands. Un appel à l'aide est lancé aux frères Valcke, amis de toujours et témoins de la première expédition au hangar. Robert Voss est également alerté. Peut-être a-t-il des amis possédant une réserve cachée de carburant ?

Le 30 avril, à vingt et une heures et quart, les deux pilotes pénètrent une fois encore dans le hangar. Il fait un temps à ne pas mettre une sentinelle allemande dehors. Au château, à l'abri du vent et de la pluie, la patrouille de garde ne sera pas tentée d'effectuer des rondes dans le parc. Afin de ne pas laisser de traces de boue, les protagonistes ont enlevé leurs chaussures et travaillent sur leurs chaussettes. Donnet gonfle les pneus, il grimpe sur la carlingue et verse dans le réservoir les cinq litres d'essence qu'il a récupérés dans la voiture paternelle. Il verse un peu d'essence dans les cylindres, tandis que Divoy nettoie les bougies. Ils font tourner l'hélice, les soupapes claquent. Le moteur n'a plus tourné depuis un an. Tout ira mieux quand l'huile sous pression graissera les clapets. Ils mesurent l'intensité des étincelles. Tout semble normal.

Contents des résultats de l'inspection, ils retournent chez eux transpercés par la pluie qui n'a cessé de tomber. Ils débordent d'optimisme.

Les va-et-vient constants, les préparatifs mystérieux qui se prolongent, inquiètent de plus en plus le père de Mike Donnet. Il devine qu'il s'agit d'un départ par avion, mais il croit qu'il s'agit de voler un appareil allemand à l'aérodrome d'Evere. Fou d'inquiétude, il essaie vainement de raisonner son fils et de lui démontrer la vanité de ce projet. Rencontrant un jour par hasard Léon Divoy, il le prie de ne plus relancer son fils Michel, ni de l'encourager dans de dangereuses aventures. Mais Léon reste imperturbable, sachant que Mike est fermement décidé à partir. L'un et l'autre sont de plus en plus convaincus de la réussite de leur entreprise, même si elle paraît follement audacieuse... Tout semble prêt.

Les deux amis se retrouvent au *Gargantua*, théâtre de leur premier entretien. Deux questions importantes doivent être réglées:

1. À quand le départ ?
2. Qui sera le pilote ?

Ils jouent cette question à pile ou face et le sort favorise Léon Divoy. Quoiqu'un peu déçu, Mike Donnet sait que l'avion est muni d'une double commande et que son tour viendra en cours de vol. De toute façon, ils ont totalement confiance l'un dans l'autre et savent que leur entraînement et leur compétence se valent.

Quant au jour du départ, ils pensent qu'il faut le choisir pendant une période nuageuse et effectuer la première partie du vol aux instruments. Au-dessus de la mer, ils descendront pour voler à vue jusqu'en Angleterre. L'avion blanc et muni de cocardes belges devrait leur permettre de passer la côte anglaise sans trop de risque d'être confondu avec l'ennemi.

Donnet achète une carte Michelin du Sud de l'Angleterre et ils choisissent Cambridge comme point d'arrivée. La propagande allemande leur donne l'impression que le Sud des Iles Britanniques est entièrement dévasté et qu'il sera difficile d'y trouver un terrain où se poser.

Un autre point les préoccupe encore: faut-il obtenir l'accord de Thierry d'Huart, propriétaire de l'avion ? Après réflexion, ils décident de ne pas lui parler du projet. N'étant pas complice, il ne pourra pas être inquiété.

Au jour anniversaire du début de la guerre, le 10 mai, les frères Valcke annoncent la bonne nouvelle. Par un de leurs amis, ils sont parvenus à obtenir les cent litres d'essence si ardemment désirés. Ils les ont troqués contre des pommes de terre. Ce carburant est amené dans un fût, au garage de la villa d'un oncle de Donnet et transvasé dans des bidons de dix et vingt litres, seul moyen pour amener l'essence à bicyclette, sur un trajet de huit kilomètres, depuis Stockel jusqu'au hangar. Une équipe de quatre cyclistes, transporteurs d'essence, est constituée. Elle comprend les frères Valcke, Robert Voss et Marc Donnet.

Le jour du départ, Divoy et Donnet iront à pied chargés de leurs bagages, des instruments et même d'un silencieux destiné à diminuer le bruit du moteur de l'avion.

Depuis le 15 mai, tout est prêt pour le départ. Le cap a été calculé. Ils passeront la côte belge entre Dunkerque et Ostende, en évitant ces deux villes, qui sont fortement défendues par l'artillerie antiaérienne. La durée du trajet devrait être de deux heures trente.

Le temps s'est mis au beau.

A la réflexion, un départ en plein jour risque d'entraîner une réaction immédiate et musclée des Allemands, aussi le décollage est-il prévu de nuit. Il faudra sortir l'avion entre deux et trois heures avant le lever du jour et voler de nuit au-dessus de la Belgique. À l'aube, l'avion doit se trouver à mi-chemin de la côte anglaise, qu'il doit passer en plein jour.

Le départ est fixé au lundi 19 mai.

Les transporteurs d'essence sont alertés. Tous les quatre sont là, comme prévu. Ils partiront de la villa de l'oncle de Mike Donnet, avenue des Cyclistes et retrouveront Léon et Mike à vingt-deux heures quinze le long des champs, à l'endroit où l'on pénètre dans la propriété.

Divoy et Donnet se rendent à pied de Stockel à Ter-Blok, munis des revolvers qu'ils avaient déterrés. Ils ont décidé de partir en uniforme. Ils le camouflent sous un vieil imperméable civil, de cette manière, s'ils sont arrêtés par les Allemands, ils seront traités comme des militaires. Cela pourrait leur éviter la peine capitale. Avant de quitter la maison familiale, Mike Donnet fait ses adieux à sa famille éplorée. Ses parents, ses frères et sœurs sont en pleurs. Ils essayent de le retenir, de lui faire renoncer à ce projet fou. Le cœur serré, Mike ne veut pas les écouter. Il comprend l'angoisse de ses parents. Il sait que le risque est grand et que la séparation sera longue. Mais sa décision est irrévocable, il part.

La soirée est splendide, la forêt respire le printemps. Léon et Mike marchent d'un bon pas. Chargés de leurs impedimenta, ils cheminent à travers les sentiers de la forêt, le long de la route gouvernementale. Soudain, derrière eux, à quatre cents mètres, ils aperçoivent un Allemand qui les suit. Faut-il accélérer le pas sans attirer son attention ? Au passage des Quatre-Bras, il a disparu.

Après deux heures et demie de marche, ils retrouvent les cyclistes fidèles au rendez-vous. Eux aussi, au cours de leur périple, ont croisé des Allemands de la Luftwaffe, mais ces derniers étaient trop occupés à jouer les jolis cœurs auprès de jeunes femmes qu'ils escortaient et se sont contentés de railler ces «jeunes si lourdement chargés»... S'ils avaient su à quoi était destinée l'essence dans les bidons !

La nuit est venue. On pénètre dans le taillis derrière la haie. Divoy et un des frères Valcke vont vers le hangar. Les trois autres attendent. Marc Donnet est reparti chez lui à bicyclette. L'attente se prolonge. Soudain, Léon apparaît, le visage défait. Il déclare avec fureur «On a changé les cadenas...» Tout s'écroule ! Ils sont consternés et Mike est prêt à pleurer de dépit et de rage. Puisqu'on a changé les cadenas, l'endroit est devenu dangereux. Il faut filer... Impossible de tout emporter. Les bidons sont cachés dans les taillis ainsi que le silencieux. Et, à bicyclette, ils retournent à Stockel, Divoy assis sur la barre de la bicyclette d'un des frères Valcke, Donnet sur celle du vélo de Robert Voss.

Autant le départ du soir a été pénible, autant c'est presque avec des effusions de joie que Mike Donnet est accueilli au petit déjeuner le lendemain. Quant à l'épouse de Divoy, elle a deviné l'échec de son mari quand, en pleine nuit, elle a entendu l'ascenseur annonçant son retour. Si elle est heureuse de revoir Léon, elle partage sa déception.

Léon Divoy est démoralisé, Mike Donnet garde son optimisme, mais il réalise que le projet est compromis. Il l'est encore davantage lorsqu'une semaine plus tard, revenu sur le théâtre de leur exploit manqué, il découvre que l'essence et le silencieux ont été volés. C'est un coup du sort. Tous les éléments semblent se liguer contre ce départ.

Opiniâtrement, les deux hommes recommencent leur tentative et rectifient les clefs des nouveaux cadenas. L'avion est toujours là mais l'essence, indispensable, manque. Donnet effectue un voyage à Gand, un autre à Liège avec l'espoir de trouver, auprès d'amis, les cent litres nécessaires, sans résultat.

À Liège, il y a bien une vague promesse mais le transport est périlleux à cause des barrages sur les routes et des fouilles dans les trains et tramways vicinaux.

Enfin, un jour, Léon Divoy lui fait savoir qu'il a un filon sérieux. Il est en rapport avec un capitaine aviateur de réserve, Lucien Jansen dit «Miche», ingénieur chez Distrigaz. Miche possède une voiture et peut rouler pour le service. Il pense pouvoir trouver le carburant à Namur et se propose de le ramener à Bruxelles. Comme il s'agit d'un produit destiné aux véhicules automobiles et non à l'aviation, il se chargerait de le distiller et de l'amener à la teneur en octane voulue. Léon et Mike acceptent avec enthousiasme la proposition. Miche et un ami de sa société, M. Best, passent un week-end à distiller le carburant, provoquant des débuts d'incendie, des bris d'alambic et des brûlures diverses, pour obtenir, finalement, les cent litres d'essence plus légère, à partir des cent quatre-vingt litres destinés aux camions.

Le 25 juin, Divoy et Donnet effectuent une revision complète de l'avion. Ils ont emporté un bidon de cinq litres pour effectuer un essai de mise en marche. Leur inspection leur permet de découvrir une durite desserrée. Peut-être qu'en partant, le 19 mai, ils auraient connu une panne après le décollage ?

Divoy se met aux commandes. Une ou deux aspirations. «Prêt», dit Donnet. Il lance vigoureusement l'hélice. Une violente explosion déchire le silence. Divoy coupe les contacts. Une fumée bleue sort du collecteur d'échappement. Le moteur est donc en ordre de marche.

Craignant que le bruit de l'explosion ait été perçu par les Allemands, les deux acteurs récupèrent rapidement leur bicyclette et s'éloignent à travers les champs d'abord, la forêt ensuite, vers Stockel où, cette fois, Divoy attendra jusqu'à la fin du couvre-feu pour regagner sa demeure.

Le 30 juin, il prévient Donnet qu'il ne faut plus tarder à partir. En effet, Jansen, qui est très actif dans un réseau de résistance, fournit des renseignements à Londres. Il a passé un message prévenant l'Angleterre de l'arrivée de l'avion. Londres attend les deux aviateurs belges !

En fait, le message ne parviendra jamais à destination.

L'agent qui devait le transmettre sera arrêté, mais il aura le temps de glisser, sous une pierre, la feuille sur laquelle le texte était écrit. Ce n'est qu'en 1945 qu'on la retrouvera intacte.

La décision est prise de partir le soir même. Cette fois, Divoy et Donnet partent dans la voiture de Miche Jansen avec bagages et carburant. Les fidèles «porteurs» les attendent dans la forêt pour transporter l'essence au hangar. La nuit est belle. Des milliers d'étoiles scintillent dans le ciel sombre. À pied, les deux amis se dirigent vers le hangar emportant les «documents secrets qu'on leur a confiés» ainsi que les armes à nouveau sorties de leur cachette. Les bidons d'essence ficelés sur les porte-bagages des bicyclettes sont acheminés vers le hangar. De loin, on entend le bruit du liquide qui clapote dans ses bidons. Par bonheur, un passage d'avions de la RAF en route vers Cologne, atténue tous les sons.

Divoy s'affaire à visser les instruments. Mike Donnet, juché sur les supports du poste de pilotage, manie les lourds bidons, dont le contenu est versé dans le réservoir au centre du plan supérieur. L'essence dégouline et inonde son imperméable.

La tension est extrême.

A deux heures quarante-cinq du matin, les portes du hangar sont ouvertes, l'avion est sorti sans bruit, poussé par cinq hommes vers l'extrémité de la prairie afin d'augmenter la distance entre le château et le lieu du décollage.

Les acteurs de la pièce qui se joue sont à peine conscients de leur audace et des risques qu'ils courent.

L'avion est à présent en place au bout de la prairie. Il n'y a plus de temps à perdre. Tandis que Pierre Valcke écarte les vaches, Léon Divoy s'installe au poste de pilotage. Donnet empoigne l'hélice, fait une ou deux décompressions. «Contact». Rien ne se passe. Il recommence une fois, deux fois, trois fois, toujours sans résultat. Divoy descend. Il ouvre le capot du moteur, manie la pompe à essence. Donnet est aux commandes. L'hélice est lancée, toujours sans résultat. Dans la nuit, les soupapes claquent bruyamment au risque d'alerter les sentinelles allemandes. Il est trois heures trente. Il y a maintenant trois quarts d'heure qu'à tour de rôle, les deux hommes essayent de faire démarrer ce moteur récalcitrant. Il est trop tard pour espérer partir cette nuit.

Avec d'infinies précautions, l'avion est ramené dans son hangar. Les instruments sont enlevés, les papiers récupérés. L'essence ne peut être transvasée dans des bidons et doit rester à bord. Les portes sont refermées.

Voss et les frères Valcke partent à bicyclette avertir Miche Jansen de l'échec. Divoy et Donnet se cachent en bordure de la forêt, là où ils avaient été déposés par Miche quelques heures plus tôt. Quand, vers cinq heures trente, celui-ci arrive pour récupérer ses amis, il ne les aperçoit pas tout de suite. Il les trouve enfin, endormis derrière le tronc d'un arbre abattu par une tempête, entourés de leurs bagages, des «précieux documents», des bidons vides... Une fois de plus, Divoy et Donnet rentrent chez eux, harassés et déçus.

Le 2 juillet, ils se retrouvent au hangar, décidés à détecter la malencontreuse panne de moteur. Ils sont accompagnés de Miche Jansen et de Pierre Nottet, un capitaine aviateur, ingénieur en aéronautique. Tandis que trois d'entre eux inspectent à fond l'avion, Mike Donnet monte la garde derrière le hangar.

Soudain, il entend les pas d'un promeneur qui s'approche. En vitesse et sans bruit, il prévient les trois «inspecteurs» et tous les quatre vont se réfugier dans les buissons, où ils attendent que l'importun passe son chemin. Ce dernier ne semble pas s'intéresser au hangar et s'en va comme il était arrivé. Le travail peut reprendre. Jansen et Nottet ont découvert la raison pour laquelle le moteur n'est pas parti: une mauvaise position des manettes de commande des gaz du moteur a fait que l'arrivée de l'essence était coupée. Impossible de mettre en marche le moteur sans alimentation de carburant.

Rassérénés, Léon et Mike fixent la prochaine tentative à la nuit du 4 au 5 juillet.

Ce jour-là, Mike Donnet revient vers dix-sept heures de son travail. Il monte dans sa chambre, endosse son uniforme, prend sa valise, les revolvers et les documents secrets, revêt son imperméable et redescend. Sa mère réalise intuitivement que quelque chose se prépare. Elle dit adieu à son fils avec émotion, l'embrasse tendrement et le regarde s'éloigner à pied vers l'arrêt du tram. Mike doit retrouver Léon chez Jansen.

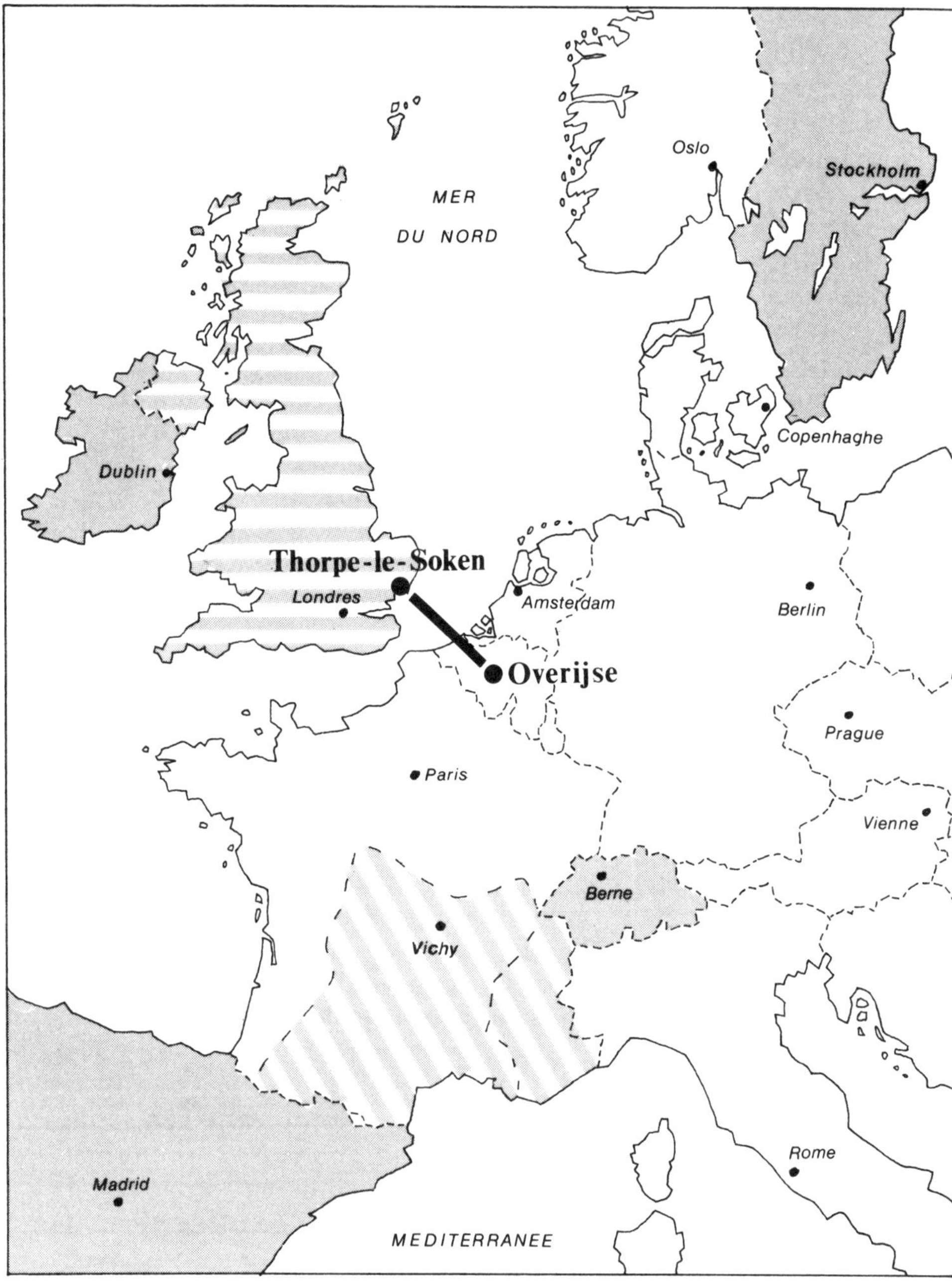

Europe de l'Ouest occupée par l'Allemagne nazie et l'Italie en 1941

Grande Bretagne

France libre

Pays neutres

Dans le tram qui l'emmène, il est seul face à un officier allemand, qui porte les insignes de la police secrète. Il dévisage son vis-à-vis, fixe curieusement ses bottes. Le jeune aviateur est inquiet. Un soupçon de cet Allemand et tout son plan peut s'écrouler. Le contenu de la valise est suffisamment compromettant. Mike prend le parti de sourire à l'officier. Celui-ci semble satisfait et va s'asseoir à l'intérieur du compartiment. Le danger est écarté mais, par prudence, Mike descend à l'arrêt suivant. Il sera tout de même à temps au rendez-vous.

A bord de la Peugeot 401 de Miche Jansen, Divoy et Donnet arrivent vers neuf heures du soir à Groenendael. Le temps est beau, le vent nul. L'obscurité ne sera complète qu'à vingt-trois heures. Aussi, les trois amis vont-ils déguster le verre de l'amitié à la terrasse d'un café, à l'orée du bois. Miche est confiant. Il a dit aux deux jeunes aviateurs: «Cela va marcher...»

Le moment est venu. Ils se mettent en route vers Ter-Blok distant d'un kilomètre. Faisant route à travers bois, le trio arrive au chemin de terre qui longe le domaine. Ils pénètrent dans la propriété par le trou dans la haie et rejoignent le hangar. Ils ouvrent la porte sans difficulté. Les Allemands, sur la terrasse du château, parlent et rient bruyamment. Divoy et Jansen s'affairent à monter les instruments et à effectuer une dernière inspection. Donnet monte la garde à l'extérieur.

Vers minuit tout est prêt.

Les trois compagnons s'assoient au pied d'un arbre en attendant deux heures trente, l'heure prévue pour sortir l'avion.

La lune éclaire la prairie, tout en laissant une zone d'ombre, le long des arbres de la lisière du bois. On distingue encore les traces laissées dans l'herbe par les roues de l'avion, lundi dernier. Donnet va chasser les vaches et vient rejoindre les autres. À eux trois, ils poussent l'avion et le mettent en place au bout du pré. Il est deux heures vingt. Divoy et Donnet s'installent à bord de l'appareil. Miche leur remet des documents secrets à transporter à Londres.

Deux heures trente-cinq, ils n'ont plus le temps de refermer les portes du hangar et d'y placer un autre cadenas, comme ils l'avaient prévu. Jansen amorce la pompe à essence, il manœuvre l'hélice et injecte de l'essence dans les cylindres,

Divoy met le contact. Miche, d'une détente vigoureuse, lance l'hélice. Le moteur tousse, hésite et démarre dans un bruit qui paraît assourdissant. Cette fois, on doit entendre le moteur à des kilomètres à la ronde.

« On y va », dit Léon et il ouvre la manette des gaz à fond. Le moteur tousse, s'emballe, l'avion frémit, s'ébranle, prend de la vitesse, cahote sur les bosses, la queue se soulève, il rebondit, retombe et rebondit encore. Soudain, il prend l'air. Il vole ! Mike veut vérifier le tableau de bord et allume sa lampe de poche. « Éteins » crie Divoy penché vers l'interphone et, ce faisant, il heurte légèrement le manche vers l'avant, les ailes de l'avion passent au-dessus des arbres et balayent le faîte des branches, au risque d'en rester prisonnier. D'un même réflexe, les deux amis ramènent le manche vers l'arrière. L'avion sursaute et se libère. Un virage à droite lui permet d'éviter la batterie de canons antiaériens située dans l'axe du décollage. Par une grande courbe au-dessus du terrain, l'appareil prend le cap trois cents et file vers la mer.

Miche Jansen a assisté au décollage et a vu l'avion frôler les branches. Il s'est rassuré en le voyant s'élever sans plus de problème. Il retourne à sa voiture et rejoint Bruxelles au lever du jour. Il a placé un de ses hommes à l'Ouest de Bruxelles. Cet observateur a enregistré le passage de l'avion vers deux heures cinquante. Madame Divoy a, elle aussi, entendu dans la nuit l'avion, qui survolait son quartier. Elle sait déjà que son mari a réussi. Quant aux sentinelles allemandes, elles ont bien entendu un avion voler à basse altitude, mais croyant à une attaque aérienne, elles se sont réfugiées dans l'abri près du corps de garde !

Le plan de vol prévoit de prendre de l'altitude. Divoy monte jusqu'à trois mille mètres, atteints aux environs de Gand. Il fait froid. Naviguant suivant l'étoile polaire, les deux aviateurs ont pu rectifier le cap. Ils reconnaissent dans la nuit les points de repère, l'Escaut et, devant eux, la côte. Au moment où ils approchent de Zeebrugge, brusquement des faisceaux lumineux s'allument et balayent la nuit. Divoy fait un virage afin d'échapper aux projecteurs et, à ce moment, le moteur s'arrête. Tout à coup, c'est le silence, le vide, le péril. L'avion plane, l'hélice tourne dans le vide. Que se passe-t-il ?

Donnet agite la manette en avant, en arrière, rien n'y fait. C'est l'angoisse. Faut-il planer vers la terre et espérer atterrir en catastrophe ? Vaut-il mieux tenter un amerrisage ? « Je ne sais pas nager », dit Divoy. « Nous pourrons peut-être flotter et je t'aiderai », crie Donnet. L'avion garde le cap sur l'Angleterre en continuant à perdre de l'altitude. C'est à ce moment qu'ils constatent avoir oublié les chambres à air d'auto, qui devaient leur permettre de flotter en cas de naufrage. Seul, un « miracle » peut encore sauver la situation. Et soudain, à quatre cent cinquante mètres d'altitude, le moteur repart. Il ne tourne pas d'une manière régulière mais le vol se poursuit. Les deux amis poussent un « ouf » de soulagement et Divoy extrait de sa poche une fiasque de Cognac. Quelle émotion !

Donnet prend les commandes et garde le cap deux cent quatre-vingts au-dessus de la mer. Tout est calme, aucun mouvement de bateaux.

Ils essaient de repérer la raison de cette panne et y parviennent: la correction altimétrique n'étant pas bien appliquée pour l'altitude de vol, le mélange essence-air n'était pas correct. De plus, des gouttelettes d'eau contenues dans l'essence ont probablement gelé dans le carburateur, provoquant l'arrêt du moteur. À quatre cent cinquante mètres, la température ambiante a dégelé les cristaux. Mais cette panne maudite a peut-être sauvé l'avion. Le système de détection allemande, en 1941, est basé sur un système d'écoute pour ce qui concerne les avions venant des terres. Les détecteurs alertaient les projecteurs qui, à leur tour, communiquaient les données aux canons antiaériens. La panne du moteur a privé le système de défense de sa référence et, de ce fait, les canons n'ont pas pu être mis en action.

De quatre cent cinquante mètres, Donnet monte à mille mètres. À cette altitude, à nouveau, le moteur bafouille, puis cale. On redescend, le moteur reprend. Ce manège se poursuit, tandis qu'ils naviguent à la boussole au-dessus de la mer. Toujours aucune côte en vue. Le jour se lève, il est quatre heures cinquante.

Dans la brume du matin, on aperçoit deux bateaux naviguant paresseusement, cap au sud.

A cinq heures, la ligne d'horizon apparaît, d'abord dans le

flou du matin, puis se précise. C'est une côte plate et découpée. Donnet essaie sans succès de se situer sur la carte. L'avion survole des dunes, des champs cultivés, entourés de loin en loin par des bosquets d'arbres. Serait-ce l'Angleterre ? Aucune réaction de la DCA, ni de chasseurs. Les deux échappés sont presque frustrés de rencontrer si peu d'opposition.

Divoy montre de la main un grand champ fraîchement fauché. «Atterrissons», dit Donnet. Le moteur continue à toussoter et le niveau d'essence est bas. Il doit rester une dizaine de minutes de vol. Léon présente l'avion face au terrain, effectue une glissade et se pose impeccablement en trois points.

Sont-ils arrivés en Angleterre ? Le vol au-dessus de l'eau s'est fait grâce à des boussoles non compensées. Elles pourraient avoir dirigé l'avion vers le continent. Il est cinq heures vingt. Le temps est superbe. Le soleil se montre à l'horizon. Il fait doux.

Après avoir arrêté l'avion devant un petit bois, les deux évadés vont s'y cacher et dissimulent les documents secrets. Ils attendent un quart d'heure. Rien ne se passe. Ils traversent le champ et vont frapper à la porte d'une maison. Aucune réaction. Un chariot porte une inscription en anglais, c'est de bon augure. Un vieux paysan passe sur le chemin. Mike l'interpelle:

- Où sommes-nous ?, demande-il.
- À Thorpe-le-Soken, répond l'homme.
- Est-ce en Angleterre ?
- *Of course.*
- Où est le bureau de police ?

Le paysan indique la direction aux amis aviateurs, maintenant revêtus de l'uniforme bleu de l'aviation militaire belge. Ils arrivent au bureau de police guidés par un autre fermier qui fait route avec eux.

Les deux préposés de garde les attendent sur le seuil. Ils ne veulent pas croire à l'histoire que leur racontent Divoy et Donnet. Le sergent chef du poste, réveillé par le bruit de la discussion, donne l'ordre à un de ses hommes d'aller vérifier sur place. Divoy l'accompagne, tandis que Donnet reste au poste. Au retour de Léon qui rapporte les bagages et les documents, tout le monde est convaincu. À ce moment, le *breakfast* à l'anglaise est prêt.

Les évadés savourent leur petit déjeuner, un peu surpris de l'amabilité des policiers. Ils ignorent que celle-ci a été dictée par le commandant de la défense locale, qui a trouvé ce moyen pour garder à vue les deux aviateurs. Ensuite, des autorités de tous genres défilent dans le bureau de police, entre autres le commandant de la défense au sol, celui de défense aérienne, l'officier d'immigration, les policiers du chef-lieu de secteur. Ces derniers escortent les nouveaux arrivés à Clacton-on-Sea où ils déjeunent à midi. Ils sont ensuite conduits à *Patriotic School*, où ils parviennent vers dix-sept heures. Ils y restent trois jours et arrivent au centre de Londres, où ils prennent contact avec les autorités belges très étonnées de n'avoir pas été prévenues plus tôt de leur arrivée.

Durant son survol de la côte anglaise, l'avion avait été détecté par le radar et des chasseurs Hurricane envoyés pour l'intercepter. Cette mission échoua. Un peu plus tard, au-dessus de l'Angleterre, le service de guet suivit l'avion et enregistra son lieu d'atterrissage, qui fut communiqué à la police. Les deux policiers envoyés pour le découvrir ne le trouvèrent pas; l'appareil étant immobilisé de l'autre côté du bois où ils le croyaient parqué.

Faisons un bref retour en arrière et voyons ce qui s'est passé après le départ de Ter-Bloc.

Malgré le bruit du décollage, aucun des occupants du château n'avait réalisé l'envol de l'avion. Les fermiers, pour qui ce bruit était plus familier, constatèrent au lever du jour que le hangar était vide et que les traces des roues sur l'herbe confirmait le décollage de l'avion. Le régisseur du domaine, effectuant sa visite hebdomadaire du samedi, fut mis au courant de la disparition de l'SV du baron d'Huart, propriétaire du domaine. Voulant donner plus de temps aux évadés en cas d'atterrissage forcé, il attendit quinze heures avant de se présenter aux Allemands et de leur réclamer le bon de réquisition pour «l'avion qu'un des pilotes de la Luftwaffe était venu chercher». Les Allemands, surpris, se rendirent en groupe jusqu'au hangar et, à leur grand étonnement, découvrirent la disparition de l'appareil. De nombreux indices montraient clairement qu'il s'était envolé de son abri. Alertée par le commandant de l'unité de garde, la police de la Luftwaffe commença une enquête le soir même. Elle ne put établir aucune culpabilité, pas plus celle du régisseur que celle du fermier ou du propriétaire de l'avion. On demanda à ce dernier de montrer les instruments qu'il avait enlevés de l'appareil, en novembre 1940. Il les exhiba immédiatement, ce qui le disculpa. En fait, il était lui-même surpris d'apprendre le départ clandestin de son avion. L'enquête visant à désigner les responsables du vol n'aboutit donc pas. Les officiers de la Luftwaffe, basés à Bruxelles, avaient installé leur club au Cercle Gaulois. Le jour de l'enquête, ils levèrent leur verre à la santé des pilotes qui les avaient roulés avec autant d'assurance.

Cinq jours plus tard, le message convenu annonçant la réussite fut diffusé par la BBC. Il disait: «TVB/C et BB» (Tout va bien. Caporal et Bonne Balle: les surnoms des deux évadés), ce qui rassura définitivement les familles des deux aviateurs.

Divoy et Donnet furent incorporés à la RAF, trois semaines après leur arrivée en Angleterre. Deux mois plus tard, ils étaient affectés à la 64 *Squadron* de la RAF, comme pilotes de chasse. Ensemble, à bord de Spitfire, ils participèrent aux opérations offensives avec le *Fighter Command*.

En avril 1942, le Spitfire que pilotait Léon Divoy fut heurté par un avion ami, au-dessus du Nord de la France. Il dut sauter en parachute d'un avion qui avait perdu son empennage. Il se cassa la jambe en arrivant au sol et fut fait prisonnier.

Mike Donnet continua à voler comme pilote de chasse et occupa successivement les fonctions de commandant de *flight*, puis de *Squadron*; d'abord à la tête de la 64 *Squadron*, ensuite de la 350e escadrille belge de la RAF. Il la commandait au moment du débarquement. Après quoi, en octobre 1944, il commanda le *wing* de Hawkinge et enfin celui de Bentwaters, équipé de Mustang de la RAF.

IX
Hastings était le but

La fin de l'année 1941 n'est guère joyeuse. La guerre traîne en longueur. Au triomphal succès des Forces armées allemandes en Russie succède une série de défaites et l'obligation d'une retraite sans gloire. L'hiver rigoureux entraîne lassitude et inquiètude chez les Allemands. En Afrique également, les Forces italo-allemandes ont perdu l'initiative des opérations. L'Angleterre résiste, Malte n'est pas tombée, Gibraltar est toujours britannique. En France, les conditions de vie sont exécrables. Les citoyens ont faim. Le rationnement est sévère. Une grande partie de la production agricole est réquisitionnée par les armées du 3e Reich.

Dans les airs, la *Royal Air Force* accentue sa pression. Si, de nuit, les bombardiers britanniques pilonnent les villes allemandes et les complexes industriels responsables de la production du matériel de guerre, de jour, les bombardiers légers escortés de chasseurs Spitfire et Hurricane effectuent, lorsque le temps le permet, des incursions au-dessus du Nord de la France, de la Belgique et des Pays-Bas. Ces raids provoquent la réaction des chasseurs de la Luftwaffe qui essayent, sans y arriver, de les faire cesser. Tous les jours, des combats aériens meurtriers mettent en présence les chasseurs des deux camps. Les pertes sont sévères, tant chez les alliés que chez les Allemands. Pour la RAF, ces actions offensives sont la prolongation de la Bataille d'Angleterre. Les Allemands, eux, veulent défendre les territoires conquis, tout en réservant, face à l'Angleterre, leurs meilleures escadrilles de chasse. Ils ne peuvent, dès lors, les déployer en Russie, ni dans le Nord de l'Afrique, où ils en auraient pourtant besoin.

Dans ce contexte d'une occupation monotone et déprimante, les Parisiens n'ont que peu de distractions pour meubler les longues heures des nuits d'hiver. Il y a bien encore quelques spectacles de théâtre ou de cinéma, mais la censure s'exerce partout. Le métro fonctionne avec le danger d'un contrôle d'identité et d'arrestations arbitraires. Par contre, les stations sont souvent utilisées comme abris lors des bombardements aériens. Deux stations de métro ont été réquisitionnées par l'occupant. L'une sert de dispensaire, l'autre a été transformée en usine fabriquant des pièces d'avions.

Marcel Florien est un jeune sous-officier pilote de l'armée de l'air qui, après avoir fait partie des effectifs de la base aérienne de Dijon en 1937, et de Nancy en 1938, se trouve à Tours en septembre 1939. Les opérations aériennes de mai et juin 1940 lui ont laissé le regret de n'avoir pu donner la juste mesure de ses talents de pilote. Démobilisé après l'armistice, il essaie vainement de trouver un filon pour rejoindre ses compagnons qui combattent en Grande-Bretagne.

En janvier 1941, il est arrêté pour fait de résistance mais, heureusement pour lui, relâché sans avoir dû subir les brimades et les violences des responsables des interrogatoires des suspects.

Cherchant un travail en relation avec ses compétences - il est adroit technicien et toujours passionné par l'aviation -, il parvient, par chance, à se faire embaucher comme ajusteur aux usines Caudron, situées à Issy-les-Moulineaux. Cet aérodrome, un des plus anciens de Paris, est toujours opérationnel.

Les Allemands ont mis la main sur la société Caudron et y font construire le bimoteur Goéland, appareil équipé de deux moteurs Renault, particulièrement utile comme avion de liaison, tant pour le transport de personnalités que des pièces de rechange, du courrier et également employé comme avion sanitaire. Ses très bonnes performances en vitesse de croisière et en rayon d'action en font un excellent appareil.

Le métier exercé par Florien ne l'emballe pas. Par contre, ayant entendu, sur les ondes de la BBC, l'appel du général Valin, qui exhorte les aviateurs à rejoindre les Forces armées libres commandées par le général de Gaulle, il prend la décision de partir. Aussitôt, le projet de s'emparer d'un de ces Goéland germe dans son esprit. L'aérodrome est sévèrement gardé par les Allemands. Seuls les membres du personnel, dont ils sont absolument sûrs et qui travaillent sous leurs ordres depuis plusieurs mois, peuvent approcher des avions achevés. Ces appareils, prêts à voler, sont alignés hors des hangars et attendent les pilotes convoyeurs de la Luftwaffe, qui les conduisent à Villacoublay. Là, auront lieu les vols d'essai et la réception définitive des avions, avant leur affectation à une unité. Le terrain d'Issy-les-Moulineaux est trop exigu pour les vols d'essai.

Une quantité minime d'essence est stockée dans les réservoirs, elle permet une heure trente de vol au grand maximum. Florien a calculé que cette quantité de carburant devrait lui permettre de rejoindre la côte Sud-Est de l'Angleterre. Il épie les va-et-vient des surveillants. Il sait que, l'après-midi, les hommes sont moins attentifs et qu'en principe, les avions ne décollent plus après seize heures. Son projet est de partir seul. Il n'a mis personne dans le secret de son plan.

Un jeune mécanicien, Georges Klein, surnommé Jop, a deviné les intentions de Marcel Florien. Il vient le supplier de l'emmener avec lui, ce que, finalement, Marcel accepte. Les deux candidats à l'évasion sont sur le qui-vive. Ils essayent à maintes reprises, en novembre et au début de décembre 1941, de monter à bord d'un des Goéland mais, à chaque tentative, un imprévu de dernière minute réduit à néant plusieurs heures d'effort et d'espoir.

Florien a mis à profit son travail dans l'atelier de montage pour étudier le tableau de bord de l'avion. Il a une carte routière et connaît les paramètres de vol de l'appareil.

Enfin, le 10 décembre, il parvient à grimper à bord du Goéland de couleur vert olive et dont la dérive est ornée de la svastika noire sur fond blanc. Les lettres d'immatriculation DR et AA encadrent les grandes croix noires. De même, les dessus et les dessous des ailes sont marqués par les croix noires de la Luftwaffe. Klein se faufile derrière son compagnon et s'installe à bord de l'avion. Il est quinze heures vingt minutes. Les gardes n'ont rien vu. S'ils tournent leur regard vers les oc-

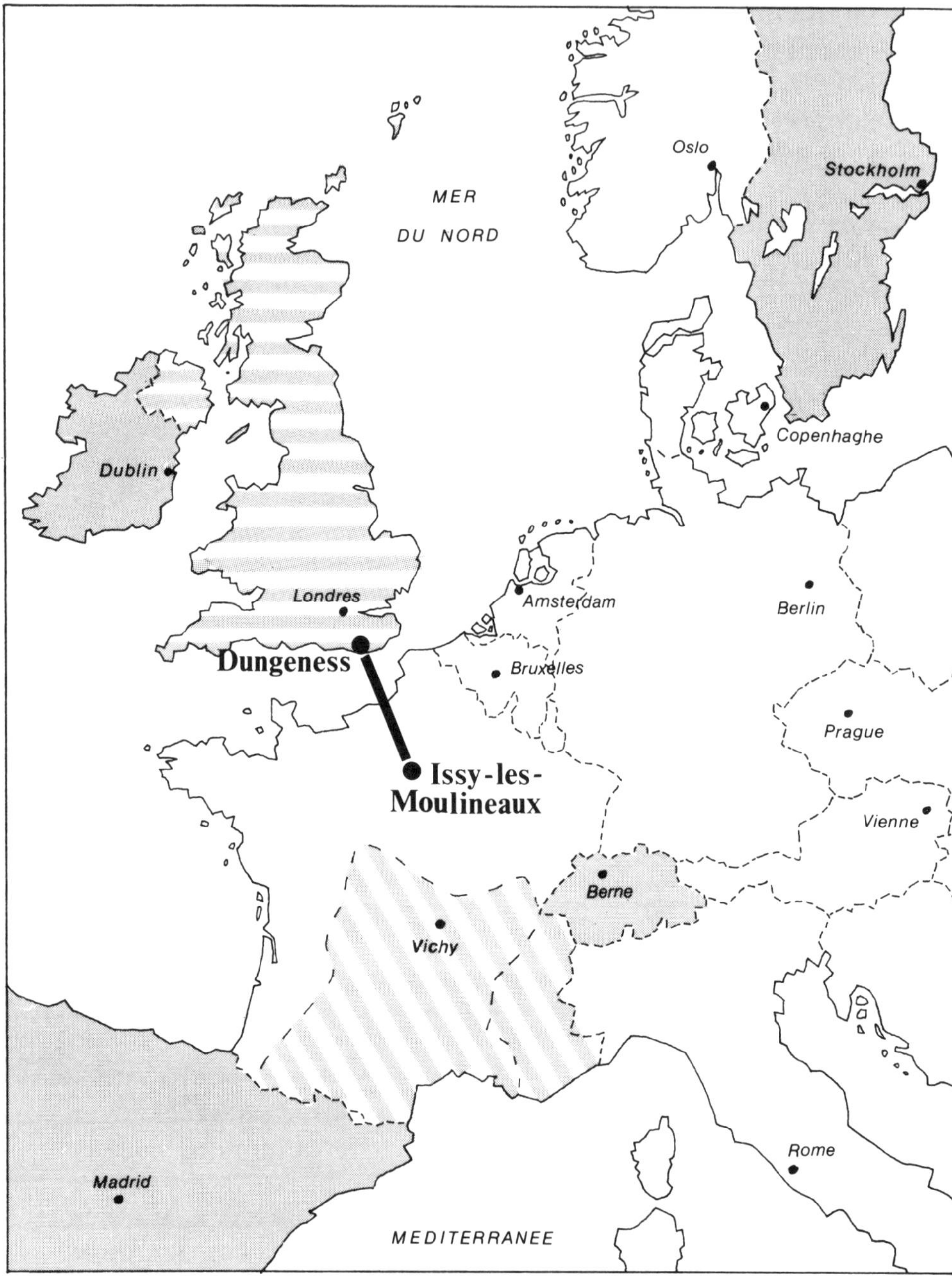

Europe de l'Ouest occupée par l'Allemagne nazie et l'Italie en 1941

Grande Bretagne

France libre

Pays neutres

cupants de l'avion, ceux-ci se courberont, pour ne pas apparaître aux hublots de commande.

La mise en marche des moteurs n'éveille pas davantage l'attention des Allemands. Florien lâche les freins et déplace l'appareil au fond de l'aérodrome, face à la piste d'envol. Le moment est crucial car, en hiver, les moteurs ne chauffent que très lentement. Ils doivent avoir au moins soixante degrés pour permettre le décollage à plein régime et les indicateurs n'enregistrent que trente degrés. L'inquiétude grandit de minute en minute. La tension est extrême. Florien ne peut plus attendre, il est trop nerveux. Il ouvre les manettes à fond, mais il est mal assis sur son siège et ne peut actionner correctement les freins. Après avoir roulé quelques dizaines de mètres, l'avion s'engage en «cheval de bois». Il pirouette sur lui-même, sans que le pilote ne puisse le rattraper au pied. Florien coupe les gaz et reprend le contrôle de l'avion au plus vite. Il retourne au point fixe et s'aligne à nouveau en bout de piste. À ce moment, la température est correcte pour le décollage.

Les deux hommes observent un moment les militaires de la Wehrmacht qui, sur la plaine, effectuent des manœuvres à bord de chars. Ils ont arrêté un moment leurs évolutions pour regarder cet avion qui semble avoir des problèmes au décollage. Ils ont repris leurs exercices sans plus se poser de questions, lorsqu'ils voient que l'avion s'est remis au point de départ. Florien se sent déjà plus rassuré et il cale une veste dans son dos afin d'avoir une position plus adéquate. Il ouvre les manettes à fond et, cette fois, contrôle les freins, empêchant le Goéland de zigzaguer d'un côté et de l'autre. L'avion roule, la queue se lève. Il est léger, il atteint la vitesse de vol et décolle sans plus de difficulté. Le train d'atterrissage est rentré. Il survole la Seine, prenant la direction du nord-ouest, ensuite passe au-dessus du Bois de Boulogne.

En cette fin d'après-midi du mois de décembre, il est quinze heures trente et bientôt, vers seize heures, la nuit va tomber.

A une altitude de trois cents mètres, le Goéland poursuit sa course, passe au-dessus de Beauvais, atteint la côte au-dessus de l'estuaire de la Somme et survole enfin la Manche. Le pilote descend au plus près de l'eau, afin de ne pas se faire surprendre par quelque Messerschmitt lancé à ses trousses, mais il semble que l'occupant n'ait pas réalisé ce que signifiait ce décollage et ce vol, car le ciel reste impertubablement calme. Il y a plus d'une heure que l'avion a pris le départ. Il doit approcher de l'Angleterre. Les réserves de carburant baissent sensiblement quand, enfin, dans le crépuscule de ce mercredi soir, à seize heures trente, apparaît une côte basse et sablonneuse: l'Angleterre sous ses ailes, après deux cent cinquante kilomètres de vol à partir de Paris.

Mais l'accueil réservé à cet avion qui porte croix noires sur les côtés et sous les ailes n'est ni triomphant ni amical. Des flocons noirs entourent l'appareil. La DCA anglaise, alertée, tire sur ce bimoteur allemand qui vient troubler la quiétude du soir. Par bonheur, les éclats d'obus n'atteignent pas l'appareil qui survole les marécages et les dunes entourant le cap de Dungeness.

Un terrain favorable se dessine devant lui. Florien réduit les gaz, sort son train d'atterrissage et se pose, entouré aussitôt par les militaires britanniques des défenses anti-aériennes. Il explique son aventure et les péripéties de son vol. Il devra, ainsi que son passager, passer par les divers filtres prévus pour les arrivants clandestins. Ils doivent se faire reconnaître comme évadés. Depuis le poste de police, on les escorte jusqu'à Londres, *Patriotic School* et ses interrogatoires. Il auront de la peine à convaincre les Britanniques de la véracité et des détails de leur folle aventure.

Hastings était atteint (Dungeness se situe tout près d'Hastings). Ce n'est qu'arrivés au Quartier général des forces françaises libres que Marcel Florien et Georges Klein auront droit aux félicitations officielles. Pour le pilote, c'était la fin du deuxième volet de ses aventures de guerre. « Hastings était atteint...! »

X
Une victoire dans l'adversité

Peer Perch, un grand Danois sportif et énigmatique, a trente-quatre ans lors de l'invasion de son pays par les Forces armées allemandes, ce qui met fin à ses nombreuses activités dans l'aviation. Fils d'un docteur en médecine de la petite ville de Tistrup, située dans le Jutland, il avait acquis le diplôme d'ingénieur agricole et s'était spécialisé dans l'exploitation forestière, sans que cette carrière champêtre ne le tente outre mesure. Son désir profond est d'être aviateur, et il sait que rien ne l'empêchera de voler. En 1916, à l'âge de onze ans, il avait assisté de loin à la bataille du Jutland et avait notamment aperçu les zeppelins de la marine impériale allemande évoluant au-dessus du combat naval. De cette époque, datait sa vocation d'aviateur. Il obtient son brevet de pilote militaire, mais quitte les forces armées actives, après deux ans et demi de service, et entreprend une carrière dans l'aviation privée.

Son intention est d'effectuer du transport à la demande, de donner des baptêmes de l'air et de participer à des manifestations aériennes comme pilote de voltige. Il achète, en Grande-Bretagne, deux avions Gipsy Moth, avec lesquels débutent ses activités commerciales. Il se fait rapidement un nom comme pilote acrobatique. Il devient même le recordman du monde de loopings, en effectuant quatre-vingt quinze boucles, cinq de plus que lors du précédent record. Le métier de pilote de voltige n'est pas sans risque et Perch échappe de justesse à la mort lors d'un atterrissage forcé, son avion s'étant retourné avec férocité dans un champs hérissé d'obstacles.

Au moment où la guerre devient menaçante pour le Danemark, il est mobilisé dans l'aviation militaire avec le grade de lieutenant. Début avril 1940, il est cantonné au terrain militaire de Vaerlose, au Nord de Copenhague, et attend avec impatience de se battre contre l'envahisseur.

Le 9 avril, l'alerte est donnée. Une vingtaine d'avions de chasse, de reconnaissance et d'entraînement sont sortis précipitamment des hangars. Ils doivent décoller d'urgence vers un aérodrome de campagne. Il est cinq heures quarante-cinq, l'aube pointe à l'horizon, quand le premier chasseur Fokker décolle, piloté par le lieutenant Godtfredsen, accompagné du mitrailleur de bord Brodersen. Avec une audace inouïe, le pilote fonce sur neuf Messerschmitt 109E qui survolent l'aérodrome à six mille mètres. Le combat est inégal et l'appareil danois est descendu en flammes. Il s'écrase aux environs du terrain. Les deux courageux aviateurs danois sont parmi les premières victimes de la guerre.

La rage au cœur, Perch assiste, impuissant, à ce drame au cours duquel il perd deux amis. Il est révolté quand, une heure plus tard, onze avions danois sont détruits au sol au cours du bombardement de la base, effectué par des Heinkel 111. Il décide de venger ses frères d'armes.

Il est démobilisé comme la plupart des membres de l'aviation militaire. Tout vol est à présent interdit au Danemark.

Perch retourne chez lui, à Esbjerg. Il a élaboré un plan lui permettant de rejoindre la Grande-Bretagne à l'aide de son avion, mais celui-ci se trouve à Tistrup, à l'Est du Jutland, tandis qu'il habite à l'ouest de la presqu'île. L'autorisation de transférer son avion par la voie des airs lui est refusée par les autorités de police. Mais elles lui permettent, d'autre part, de l'évacuer par la route et de l'abriter dans un hangar de campagne. Toutefois, les magnetos du Gipsy Moth sont confisquées. Perch ne s'en fait pas trop. Il a d'autres magnetos dans son stock de pièces de rechange.

Son plan de départ n'étant pas réalisable pour le moment, Perch décide de se consacrer à la récolte de renseignements sur les constructions en tous genres, bâties par les Allemands, pour la défense du Danemark. Il se fait embaucher par des entrepreneurs danois qui s'emploient à ériger des fortifications sur la côte ouest du Jutland et à agrandir les aérodromes de Esbjerg, Fano et Kastrup (Copenhague), ainsi qu'à couler les assises en béton des stations radar de la côte ouest.

En avril 1943, il est en rapport avec le responsable des camouflages des sites allemands de détection. Il note soigneusement les détails concernant des installations et en réalise clandestinement les photos. Il constitue un important dossier qu'il compte emmener avec lui. Cependant, des concitoyens de Peer se méprennent sur ses activités qu'ils assimilent à de la collaboration. Ils évitent Peer. Même ses amis se méfient de lui. L'un d'eux ira jusqu'à l'agresser et lui cracher au visage.

Le Gipsy Moth est toujours dans la grange de Tistrup. Il y a trois ans qu'il n'a plus volé et il est couvert de poussière, les cylindres sont sans doute gommés, mais Peer considère que le moment du départ est venu. Il va retrouver son acien mécanicien et le convainc de venir l'aider à remettre en état le vieil avion acheté chez Haviland, il y a déjà quatorze ans. Ils installe les magnétos de rechange et effectue une révision complète de l'appareil. Il le connaît comme sa poche.

Reste le problème du carburant, il faut le trouver et en quantité suffisante. Il y a lieu de prévoir le double de la contenance du réservoir de quatre-vingts litres, soit cent soixante litres, car la distance à franchir est de huit cents kilomètres. Les quatre-vingts litres supplémentaires doivent être stockés dans deux réservoirs, confectionnés grâce à des boîtes à biscuits métalliques soudées entre elles. Ces réservoirs sont fixés dans le poste avant, le long des parois. Une pompe actionnée à la main doit permettre de transférer cette réserve au réservoir principal, situé dans la partie centrale du plan supérieur de l'avion.

Au cours des trois ans de travail dans divers chantiers de la région, Perch a repéré, dans le port d'Esbjerg, un dépôt d'essence pour avions. Afin de pouvoir y pénétrer, il se procure un triporteur de laitier qu'il remplit de bouteilles. Coiffé de la casquette du laitier et jouant son rôle avec beaucoup de naturel, il passe le corps de garde rempli d'Allemands qui ne se doutent de rien. Il accomplit de nombreux voyages. À chaque fois, il remplit les bouteilles d'essence et les ramène chez lui. Il

Europe de l'Ouest occupée par l'Allemagne nazie et l'Italie en 1941

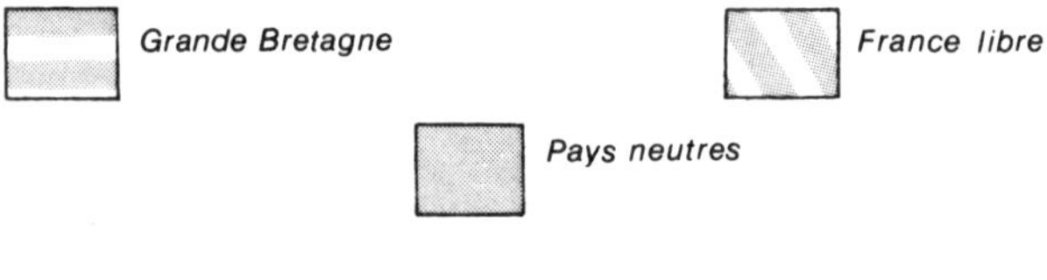

identifie l'essence qui lui convient en la goûtant. Reste à effectuer un essai du moteur, mais tout devrait bien fonctionner.

Le 19 octobre 1943, l'avion est prêt pour le grand départ. Les réservoirs sont pleins, les renseignements secrets sont à bord de l'avion. Le mécanicien de service est à son poste et Peer Perch a fait venir un ami pour couper le fil de fer barbelé entourant le hangar et pour se poster avec une lampe de poche au bout du terrain. Ce point lumineux doit permettre au pilote de décoller droit, en se basant sur la lumière.

La lune brille sur le pré. Un Union Jack a été peint sur les plans supérieurs et inférieurs de l'appareil.

A cinq heures, l'avion est sorti. Le pilote est à son poste, tandis que le mécanicien effectue les décompressions du moteur, avant de lancer l'hélice. «Contact», le moteur part au premier tour dans un bruit assourdissant. Inquiet de ce tapage pouvant alerter une patrouille allemande, Peer cherche le moyen de le réduire. Il faut, en effet, dix minutes avant que le moteur n'atteigne la température permettant de décoller. Il fait creuser un trou dans le sol et y plonge un tuyau fixé par l'autre bout au tuyau d'échappement. Le vacarme diminue tout en restant inquiétant.

Il est cinq heures quinze, le moteur est enfin chaud. Brusquement, comme un signe avant-coureur de danger, un brouillard venant de la mer envahit le terrain. On en voit à peine l'autre bout. «Vais-je partir, ne serait-ce pas une invitation à plus de prudence, n'est-ce pas un avertissement?», s'interroge Peer.

Il hésite une ou deux minutes qui lui semblent une éternité. Finalement, il se décide et ouvre les manettes des gaz à fond. Le Gipsy Moth démarre lentement, prend de la vitesse, la queue se lève, l'avion bondit, retombe sur le sol, le pilote tire lentement le manche à lui, l'avion décolle et passe deux mètres au-dessus de l'ami balançant sa lampe de poche à l'extrémité du terrain.

Bien que Peer n'ait plus touché les commandes depuis trois ans, il n'éprouve aucune difficulté à piloter son Gipsy Moth à travers le brouillard, suivant un cap qui, pour lui, représente l'espoir. Il grimpe à travers cette masse cotonneuse qui l'enveloppe, tout en le protégeant d'une tentative d'interception par des chasseurs allemands.

Alors qu'il va déboucher dans le ciel limpide au-dessus des nuages, le pilote aperçoit une lampe rouge qui scintille. Pris de panique, il pousse le manche en avant et plonge à nouveau dans la couche opaque de nuages. Il croit avoir été repéré par un avion allemand, attendant là-haut qu'il émerge des nuages pour l'abattre. S'efforçant au calme, il réalise que ce qu'il avait pris pour un avion ennemi est tout simplement la planète Mars. Remis de sa méprise, il continue sa route au cap deux cent cinquante-deux degrés sur la Grande-Bretagne.

La température à mille huit cents mètres est glaciale, surtout dans un habitacle ouvert et battu par le vent. Les minutes passent. Il fait nuit et la lampe de poche qui éclaire le tableau de bord s'éteint. Ensuite, c'est sa montre qui s'arrête et lui enlève la notion du temps. Par bonheur, le moteur continue à tourner d'une manière régulière et même familière. L'avion pénètre à nouveau dans les nuages et le pilote parvient, avec grande difficulté, à lire les instruments. En dessous de lui, la mer grise roule des vagues peu engageantes. Après trois heures de vol, le moteur faiblit, il est temps de transvaser la réserve de carburant dans le réservoir principal. Actionner la pompe réchauffe Perch et lui rend courage. Il étanche sa soif en buvant une bouteille de bière Tuborg et s'octroie un sandwich pour calmer sa faim. Le temps passe: il a l'impression de voler depuis des siècles. L'aurore pointe derrière lui. Il parvient à mieux lire les instruments de bord.

Si ses calculs sont exacts, il devrait maintenant apercevoir la terre promise. Il corrige légèrement son cap et attend patiemment de distinguer la terre ferme. Et, soudain, à travers un trou dans les nuages, un monde habité lui apparaît. Sous ses ailes, une maison se dresse et, dans le jardin attenant, une lessive sèche, suspendue à un fil, battue par le vent. Ce linge qui sèche lui indique la direction du vent.

Perch réduit alors les gaz, descend lentement et se pose dans une prairie. À l'instant même où il touche le sol, son moteur s'arrête. Il ne lui reste plus une goutte d'essence. Il a volé plus de cinq heures quinze !

Il sort de son vieux et fidèle Gipsy Moth qu'il gratifie de tapotements attendris et reconnaissants. Deux jeunes garçons arrivent en courant et lui crient quelques mots en anglais. Il ne les comprend pas, mais réalise qu'il a enfin atteint la liberté. Après tout, sa folie était plutôt du génie. Toute l'angoisse passée est balayée par une joie intense et un triomphe enivrant. Il a atterri en Écosse au lieu-dit Cockburns Path, à quelques kilomètres du Nord de l'Angleterre.

Les jeunes garçons, ayant rapporté leur découverte d'un pilote danois à leur père, ce dernier invite Perch à sa table et lui sert un copieux petit déjeuner. Ensuite, il prévient les autorités. Suivant les formalités d'usage: séjour au bureau de police du village, voyage par le train de nuit jusqu'à Londres, sous bonne escorte, et arrivée à *Patriotic School* pour les interrogatoires de rigueur.

La moisson importante de renseignements et les documents amenés par Peer Perch lui valent trois semaines de séjour au centre du contre-espionnage britannique. Rendu enfin à une «liberté» si durement acquise et si justement méritée, notre évadé aurait souhaité rejoindre la RAF, mais les autorités britanniques en jugent autrement: nous sommes déjà au début du mois de novembre 1943, la victoire se dessine. Or, il fallait près de deux années pour former un pilote à cette époque. Aussi, c'est en tant qu'officier du génie que Perch est incorporé dans les Forces armées britanniques.

En 1945, il retourne au Danemark à bord de son vieux Gipsy Moth remis en état et soigneusement conservé par les Britanniques.

La chance et l'audace favorisèrent un autre Danois, avant la fin de la guerre.

Per Juhl, mécanicien de son métier, travaille à l'aérodrome de Kastrup, situé au Sud de Copenhague (acutellement l'aéroport international). Les Allemands utilisaient cette plaine depuis 1940 et y avaient basé des bombardfiers Heinkel III. Les mécaniciens danois entretiennent ces avions, supervisés par des sous-officiers de la Luftwaffe. Un matin, Juhl, en discussion avec l'un de ses collègues, lui demande s'il est capable de piloter l'un de ces bombardiers. Son compagnon est surpris de cette question. Il l'est plus encore lorsque Juhl lui dit: «Je vais essayer», et monte à bord du bombardier. Son collègue, qui ne voulait pas être mêlé à l'aventure, s'enfuit, tandis que le mécanicien, habitué à faire l'essai des moteurs après leur révision, les met en marche. Juhl roule maintenant sur le terrain, utilisant astucieusement les freins. Il arrive à la piste d'envol et ouvre les gaz, tout en maintenant l'avion en ligne droite. Les Allemands réalisent très vite ce qui se passe, sachant qu'aucun de leurs pilotes n'a été désigné pour une mission à bord du Heinkel. Ils tirent sur le Heinkel durant son décollage, sans pour autant l'atteindre.

Per Juhl pensait pouvoir rejoindre la Grande-Bretagne à bord de cet avion volé mais, d'après les indications, le niveau de carburant est très bas dans les réservoirs. Inutile de tenter une longue traversée de la Mer du Nord. Il choisit le cap vers la Suède. Au moment où il est intercepté par des chasseurs suédois au passage de la côte, il décide d'atterrir, mais son expérience du vol est assez limitée et, s'il est parvenu avec un peu de chance à faire décoller le bimoteur allemand, il ignore comment le faire atterrir. Il réduit les moteurs et se réfugie dans la partie arrière du fuselage. Il prie avec ferveur pour que l'avion atterrisse correctement sans l'entraîner dans une fin fatale. L'appareil, bien réglé, descend en ligne droite et à vitesse réduite. Il touche le sol et se désintègre graduellement, perdant des pièces, particulièrement au contact de chaque nouvel obstacle. Il ne reste finalement d'intact que l'empennage hors duquel Per Juhl sort indemne.

La chance lui avait souri. Son audace lui avait permis de triompher dans une aventure des plus risquées.

Spectaculaire et inédit est l'itinéraire pris par le major néerlandais, le baron J.-A. Bentinck, pour retrouver la liberté.

Prisonnier de guerre dans un camp en Pologne, depuis mai 1940, il s'évade avec cent soixante-cinq compagnons d'infortune, lors de leur transfert vers un nouveau camp, situé à Neubranburg, en Allemagne. La plupart de ses concitoyens sont repris. Plusieurs sont passés par les armes.

Bentinck rejoint la Hongrie. Il y a des amis; il se souvient que, durant la première guerre, des enfants hongrois avaient été hébergés aux Pays-Bas. Bien que la Hongrie soit l'alliée de l'Allemagne, les Néerlandais sont bien considérés.

Londres est le point de destination, mais la route n'est évidemment pas aisée. Une première évasion par la Roumanie échoue, en automne 1944. Par l'intermédiaire des hôtes qui l'abritent, Bentinck entre en relation avec un pilote, major dans l'aviation hongroise. Ce dernier ne cache pas sa haine vis-à-vis des Allemands. Il est prêt à s'évader également, pour autant qu'il puisse emmener avec lui sa femme et son fils. Il propose d'utiliser un Henkel III de son escadrille.

Le 9 décembre 1944, avant l'aube, le bimoteur hongrois décolle, piloté par le dit major aidé de son navigateur, désireux lui aussi de se libérer du joug de l'occupant. À son bord, se trouvent l'épouse, l'enfant et le major Bentinck.

Après avoir survolé de nuit la Serbie et l'Adriatique, l'appareil se pose non loin de Foggia, sur un aérodrome italien occupé par les Américains.

Le major Bentinck n'a aucune peine à se faire identifier et arrive à Londres quelques jours plus tard. Il terminera sa carrière militaire avec le grade de général-major.

Épilogue

Les exploits narrés ici furent le fait de résistants agissant soit seuls, soit par petits groupes. Animés de la même espérance et poussés par la même volonté, ils parvinrent au succès final, non sans avoir vaincu une cascade d'obstacles.

Il leur fallait garder un secret absolu et masquer les activités liées à leur dessein, par des occupations parfois propres à les confondre avec des collaborateurs.

Certains furent servis par la chance, mais tous, une fois enclenchée leur périlleuse aventure, eurent à faire face à des dangers imprévus ne leur accordant aucun délai pour échapper à la catastrophe. Tous montrèrent une remarquable présence d'esprit et trouvèrent la solution adéquate devant des embûches impromptues: c'était les boussoles élémentaires et peu fiables auxquelles il fallait substituer l'étoile polaire; c'était le givrage des carburateurs auquel on n'échappait qu'en plongeant; c'était le manque d'entraînement les obligeant à des improvisations parfois miraculeuses; c'était la crainte de devoir envisager soudain un atterrissage de fortune ou un amerrissage hasardeux. Tous sont parvenus à affronter le danger avec calme et, face à une situation désespérée, ont gardé foi dans l'issue finale.

Ils ne s'étonnent pas de réussir un décollage périlleux, ne bronchent pas au moment de se poser sur la mer en constatant qu'il n'y a pas de canot pneumatique à bord, ne paniquent pas en réalisant que des obus éclatent autour d'eux. Durant ces moments angoissants, certains prient avec une ferveur retrouvée et s'en remettent au Seigneur.

Tous, une fois parvenus au but et à la liberté, ressentent une joie immense et incommunicable. L'audace les a servis, comme leur ardent désir de voler, mais c'est l'amour de la patrie qui, en premier lieu, les a jetés dans les aventures héroïques que nous venons de revivre avec eux.

Bibliographie et sources

de Jong A.P. (Kolonel), *Vlucht door de tijd*, Unieboek B.V., 1988

Delarrois André, *Les carnets de Mouchotte*, Flammarion, 1949

Donnet Mike, *J'ai volé la liberté*, Arts et Voyages, Dargaud, 1968

Hof Jan, *Niet schieten, We are Dutch!*, Omniboek, Den Haag, 1990

Hof Jan, *Tussen paard en Pantzer*, La Rivière Voorhoeve, Kampen, 1990

Houart Victor, *Les carnets d'Offenberg*, Éditions de la Pensée moderne, Paris, 1956

Lampe David, *The Savage Canary*, Cogi Boek, 1957

L' Herbier-Montagnion Germaine, *Cap sans retour*, Raoul Solar, 1948

Noguerès Henri, *Histoire de la Résistance en France de 1940 à 1945*, Laffont

Pinto Oreste, *Spy Catcher Omnibus*, Hodder and Stoughton, London, 1962

Schoenmaker Wim, *Koninklijke Luchtmacht Vliegtuigen*, De Alk B.V.

Souflet J., *Un étrange initéraire*, Plon, 1984

Telegraph Sunday Magazine, 20 March 1983

Archives

Archives de l'« Air Historical Branch », London

Archives du Service historique de l'Armée de l'air, Paris

Danish Air Historical Section, Copenhague

Impress Log, Air Britain Ltd.

Ministerie van Defensie: Sectie Luchtmacht, Den Haag

Public Record Office, London

Table des matières

Cet ouvrage a été achevé d' imprimer le 10 novembre 1994
sur les presses de l'imprimerie Lannoo à Tielt.